SEIN AUGE

Die Buchhaltung Gottes

Der Mikrokosmos im Makrokosmos

SEIN AUGE

Die Buchhaltung Gottes

Der Mikrokosmos im Makrokosmos

Gabriele

Verlag DAS WORT GmbH
DER UNIVERSELLE GEIST
LEBEN IM GEISTE GOTTES

2. Auflage 2001

DER UNIVERSELLE GEIST
LEBEN IM GEISTE GOTTES
Max-Braun-Str. 2, 97828 Marktheidenfeld

Druck: Joh. Walch GmbH & Co., Augsburg

ISBN 3-89201-062-5

Inhalt

Zum Geleit

Gott ist gegenwärtig, Er ist ewig strömendes Licht. Auch im Schatten, in der Materie und in der Sünde, ist Gottes Allmacht gegenwärtig. Der Gottzustrebende erkennt überall Gottes Wirken, auch im Schatten, in der Sünde. Will der Mensch Gott näherkommen, dann muß er mehr und mehr die Zehn Gebote, welche Auszüge aus dem ewigen Gesetz sind, die Gott Mose für die Menschen gab, und die Bergpredigt, die Jesus von Nazareth die Menschen lehrte und ihnen auch vorlebte, verwirklichen und erfüllen. Dann weichen die Schatten, und das Licht zieht in Seele und Mensch ein.

Wer sagt, er sei Christ, der verpflichtet sich vor dem Gesetz, Gott, die Gebote und die Bergpredigt zu erfüllen. Strebt der Mensch nach höheren Idealen und Werten, die sich aus der Erfüllung der Gesetzmäßigkeiten Gottes ergeben, dann wird er geradlinig, aufrichtig und friedvoll. Dann wird er auch das Leben achten und den Frieden halten.

Streben Seele und Mensch also den inneren Idealen und Werten und den geistig-ethischen Prinzipien zu, dann vollzieht sich im Menschen ein innerer Wandel – hin zur göttlichen Weisheit, zum Wissen um alle inneren Vorgänge. Diesem Reifeprozeß liegt die Verwirklichung der Zehn Gebote und der Bergpredigt zugrunde; der Mensch wächst in das Innere Leben, in das allweise göttliche Bewußtsein, hinein. Dann ist er nicht mehr der Intellektuelle und nicht mehr der Kriegerische, nicht mehr der Held, nicht mehr der machthungrige Wissenschaftler, nicht mehr der nach Karriere und Ansehen strebende Politiker, sondern der wahre Weise, der alles im Lichte Inneren Lebens betrachtet und nach den Gesetzen Gottes handelt.

Wer die Zehn Gebote und die Bergpredigt im täglichen Leben befolgt, der ist bestrebt, in allen Bereichen des Lebens Gottes Willen zu erkennen und zu erfüllen. Nur auf diesem Wege erlangt der Mensch wahre Intuition, göttliche Führung und Weisheit.

Gottes Weisheit hat also mit dem Intellekt nichts gemeinsam. Der Intellekt ist geprägt durch angelerntes, also angeeignetes Wissen. Die Weisheit Gottes hingegen ist die Intelligenz, ist das Ich Bin, ist das ewige Gesetz, Gott, ist das wahre Sein, das Leben, das inwendig in jeder Seele und in jedem Menschen wohnt. Die göttliche Weisheit offenbart sich jenen Menschen, welche die Gesetze Gottes mehr und mehr erfüllen.

Wird im Menschen die Weisheit Gottes offenbar, dann schwindet das menschliche Ich, der Intellekt. An seine Stelle tritt die All-Intelligenz, Gott, das Wissen um alle inneren Abläufe des Alls und um alle Dinge. Wer die inneren Abläufe, die Gesetzmäßigkeiten, die allen Geschehnissen und Dingen zugrunde liegen, kennt, der weiß auch um die äußeren Zusammenhänge, weil er den Durchblick hat.

Es sei noch einmal gesagt: Der Mensch erlangt Weisheit nicht durch Speicherung von Wissen – auch dann nicht, wenn er alle Bücher dieser Welt gelesen hätte. Wissen allein macht nicht weise. Wer jedoch die Zehn Gebote und die Bergpredigt im täglichen Leben verwirklicht, reift in das allumfassende Gesetz, Gott, hinein und erlangt Weisheit. Er ist dann der wahre Weise. Wer diesem Ziel im inneren Prozeß des Werdens und des Reifens zustrebt, dessen Bewußtsein erweitert sich, das heißt, sein geistiges Spektrum wird größer.

Wer sich als Wesen in Gott finden möchte, der läßt sich nicht mehr von seinem Intellekt einschränken; er gibt sich nicht mehr mit der Begrenztheit seines menschlichen Ichs zufrieden, das darauf bedacht ist, sich ständig in Pose zu setzen, um sich darzustellen, um auf sich aufmerksam zu machen. Das menschliche Ich, sieht nur sich selbst und kennt auch nur sich selbst. Das ist die Enge des Intellekts.

Menschen, die höheren Idealen und Werten, der Weisheit Gottes, Seinem ewigen Gesetz, zustreben, wollen die Gesetze Gottes in die Welt bringen und die Welt im Geiste Gottes erneuern, auf daß wahrhaft Friede werde.

Jesus von Nazareth war der größte Reformator. Er lehrte und lebte die Gesetze Gottes, und die Ihm nachfolgten und nachfolgen, taten und tun dasselbe. Solche Menschen überlassen ihr Leben nicht dem Zufall und dem Schicksal. Sie nehmen ihr Leben in die Hand und meistern es mit der Kraft aus der Erfüllung der Gebote Gottes. Sie wissen, daß die höchste Kraft und Macht, Gott, das All bestimmt, den kosmischen Kreislauf. Dementsprechend denken und leben sie, um bewußt aus diesem Kreislauf der ewigen Kraft zu schöpfen und zu geben.

Menschen in der Verwirklichung der Zehn Gebote und der Bergpredigt begnügen sich nicht mit dem Gedanken, nur Mensch zu sein. Sie forschen tiefer und gelangen auf dem Weg der Selbsterkenntnis zu der Überzeugung und Gewißheit, daß sie Wesen in Gott sind und daß jeder Mensch der Mikrokosmos im Makrokosmos ist. Wem dies wahrlich bewußt wurde, der wird nicht mehr ruhen, bis er Dem nahe ist, welcher der Makrokosmos ist – Gott.

Erschließt sich dem Menschen die göttliche Weisheit, ist er wahrhaft weise, dann erfaßt er, daß alles, jeder kleinste Baustein der Materie, sich im All widerspiegelt, also gespeichert ist, und daß alle Veränderungen im All und in und auf der Erde im All registriert werden. Er erkennt die inneren Zusammenhänge der gesamten Himmelsmechanik – vom reinen Sein bis hin zur Materie mit ihren unzähligen Gestirnen.

Einzig demjenigen, der in den Geist des Ewigen, in das Gesetz, Gott, hineinreift, ist es gegeben, die inneren Zusammenhänge zwischen

Mikrokosmos und Makrokosmos allmählich zu ergründen – z.B., wie der kosmische Mensch, der Mikrokosmos, mit dem unendlichen All, dem Makrokosmos, in Verbindung steht.

Im All, dem Makrokosmos, ist jeder Baustein der Unendlichkeit gespeichert. Auch die Gefühle, die Empfindungen und die Gedanken des Menschen sind Bausteine. Ebenso ist jedes Wort und jede Handlung ein Baustein, der im Makrokosmos registriert wird. Da keine Energie verlorengeht, so muß diese auch irgendwo verbleiben und wirksam sein. Sie ist im Makrokosmos registriert.

Menschen, die immer mehr in die Weisheit Gottes, in das Gesetz des Lebens, eintauchen, erfahren in und an sich selbst, welche Wege Gefühle, Empfindungen, Gedanken, Worte und Handlungen nehmen, wo sie ankommen, wie sie zurückstrahlen und wie sie auf den Absender Einfluß nehmen. Der wahre Weise kennt also die Inhalte der Bausteine des Alls und weiß um deren Wirkungen und Auswirkungen.

Denn: Alles gibt und empfängt. Die ganze Unendlichkeit ist auf dem Prinzip Senden und Empfangen aufgebaut, also auf Kommunikation.

Menschliche Worte sind nur Begriffe. Wer diese in ihrer Tiefe begreifen möchte, wer also die Inhalte der Worte erfassen lernen möchte, der muß sich zuerst selbst erkennen und sein wahres Selbst finden. Dann erst versteht er die Sprache des ewigen Gesetzes, die nicht das menschliche Wort als solches ist, sondern der

Inhalt des Wortes, der Sinn, der Geist, der darin wirksam ist.

Wer zum geistigen Leben erwacht ist, wer also mehr und mehr die inneren Werte und Ideale entwickelt, der nimmt das Wort nicht mehr dem Buchstaben nach, sondern sucht und findet in jedem Wort das Gesetz, Gott. Dadurch schaut er tiefer und erfaßt ganz allmählich die geistigen Zusammenhänge der Unendlichkeit.

Menschen, die in der Erfüllung des Gesetzes, in Gott, leben, reden nicht aus sich, sondern das Göttliche in ihnen spricht durch sie. Das ist dann die Erleuchtung im Menschen. Spricht ein erleuchteter Mensch, also ein Weiser, dann sind auch seine Worte erleuchtet und weise, weil sie vom Geist durchglühte Worte sind, Worte der Wahrheit, Worte des Ewigen und der Ewigkeit.

Unsere Schwester, die dieses Buch niederschreibt, ist die Prophetin und die Botschafterin Gottes. Als Prophetin Gottes empfängt sie das unmittelbare Wort, das zu ihr und durch sie zu den Menschen spricht. Als Botschafterin Gottes schöpft sie aus der nie versiegenden Quelle der göttlichen Weisheit, aus dem Born der Wahrheit, in welcher ihre Seele lebt, um das Wort des Heils zu lehren. Mit ihren Worten, die durchglüht sind von der göttlichen Weisheit, hilft sie den Wanderern auf dem Weg zur Wahrheit, die Probleme und Schwierigkeiten gesetzmäßig zu lösen.

Das Offenbarungswort, die Lehren, die Hilfen, das geschriebene Wort – alles kommt aus einer Quelle, aus der Weisheit, dem Born der Wahrheit.

In diesem Buch erläutert unsere Schwester mit ihrem Wortschatz die geistigen Zusammenhänge zwischen Makrokosmos und Mikrokosmos, um den Menschen, die sich bemühen, Gottes Willen zu erkennen und zu erfüllen, tiefe Einblicke in das mächtige Kommunikationsnetz, in das All-Netz „Senden und Empfangen", zu geben.

Viele Menschen wollen über das Wort Gottes diskutieren. Gott ist Wahrheit. Über die Wahrheit kann nicht diskutiert werden, weil sie absolut ist. Wer darüber diskutiert, der erfaßt nur die Schale, das Wort, und nicht die Inhalte des Wortes. Der wahre Weise diskutiert nicht – er gibt. Ob das Wort, die Hilfe, die aus der Wahrheit kommt, angenommen wird oder nicht, das überläßt er Gott und seinem Nächsten.

Wer in der Wahrheit lebt, der schöpft aus der Wahrheit und spricht die Wahrheit. Er will nicht überzeugen, will nicht beweisen, will nicht glauben machen – er gibt. Das Prinzip der Wahrheit lautet: Wer es fassen kann, der fasse es; wer es lassen möchte, der lasse es.

Dieses kurze Geleitwort wurde von mir, Bruder Emanuel, durch unsere Schwester offenbart. Im Werk des Herrn bin ich der verantwortliche

Diener. Ich bin kein Mensch, sondern ein göttliches Wesen, ein Geistwesen, der Cherub der göttlichen Weisheit, welcher der Prophetin und Botschafterin Gottes zur Seite steht.

Bruder Emanuel

Ein Wort an die Leser dieses Buches

Mein Name ist Gabriele. Gott, der Ewige, nennt mich Seine Prophetin und Seine Botschafterin. Nicht ich nenne mich so; Gott, der All-Eine, hat mich zu Seinem Instrument gemacht.

Seit 18 Jahren spricht der Ewige Sein Allmachtswort durch mich zu Seinen Menschenkindern, zu meinen Brüdern und Schwestern. Jedem Menschen bin ich Schwester und will auch nichts anderes sein; denn im Geiste des Herrn sind wir alle Geschwister. Aus dem erschlossenen Bewußtsein meiner Seele – die im Allstrom, im All-Einen, leben darf und die aus der ewigen Quelle, Gott, schöpft – schöpfte ich, Gabriele, die Lebensimpulse, die ewige Wahrheit, und gebe sie in diesem Buch mit meinen Worten weiter, denn ich bin als Mensch auf dieser Erde.

Gabriele
Im Oktober 1992

Der Makrokosmos der Reinigungsebenen und der Makrokosmos der Materie – Absplitterungen aus dem ewigen Reich Gottes

Durch dieses ganze Buch, „Sein Auge. Die Buchhaltung Gottes. Der Mikrokosmos im Makrokosmos", zieht sich gleichsam als roter Faden folgende Aussage:

Alles und alle, Geistwesen, Seelen, Menschen, Tiere, Pflanzen und Steine bilden das All und stehen mit jedem Baustein des Alls in Kommunikation. Jeder Baustein des menschlichen Körpers, jeder geistige Baustein der Seele und jedes Element der Naturreiche ist in den Gestirnen verzeichnet.

Das Universum außerhalb des ewigen Reiches Gottes besteht aus den unzähligen Gestirnen der Fallreiche, welche feinstofflicher Art sind, und den materiellen Gestirnen. Das ewige Reich Gottes – die geistigen Universen, die sieben mal sieben Himmelssphären – besteht aus den reinen feinstofflichen Sonnensystemen. Das gesamte Gefüge des Alls ist der Makrokosmos, der sich durch den Fall verändert hat. Durch den Fall von Geistwesen, die sein wollten wie Gott, entstand ganz allmählich folgende Gliederung des gesamten Universums:

Der ewige Makrokosmos, das ewige Gesetz, die reinen, feinstofflichen Universen, entließen Planetenteile, die Fallwelten. So entstanden die

Fallreiche, welche nach der Erlösertat Christi Reinigungsebenen wurden, gleichsam Stationen zurück in das ewige Reich. Im Verlauf dieses Geschehens entwickelten sich der Makrokosmos der Reinigungsebenen und der Makrokosmos der grobstofflichen Planeten, der Materie.

Es besteht also das ewige Sein, der ewige Makrokosmos, der das ewige Gesetz ist und alle reinen Wesen und alles reine Sein umschließt. Es besteht außerdem der Makrokosmos mit den Planeten der Reinigungsebenen, auf welchen sich die Seelen aufhalten, die nach dem Ablegen ihres irdischen Leibes von der Erde kommen, und es besteht der materielle Makrokosmos, der die grobstofflichen Planeten, die Menschen und die grobstofflichen Naturreiche trägt.

Der reine Makrokosmos ist das Absolute Gesetz, Gott, das alle Reiche und Bereiche des Alls durchströmt und erhält, weil Gott, das ewige Gesetz, allgegenwärtig ist. Was sich außerhalb des geistigen ewigen Makrokosmos, des Reiches Gottes, bewegt, die Reinigungsebenen mit ihren unzähligen feineren Gestirnen, und die stärker und stark verdichteten Bereiche, zu welchen die Materie mit ihren grobstofflichen Gestirnen gehört, sind also Absplitterungen aus dem ewigen Sein, dem ewigen Makrokosmos, dem Reich Gottes. Die beiden Makrokosmen der Fallreiche – Reinigungsebenen und Materie –, gehören zum ewigen Makrokosmos, dem Reich Gottes; sie werden wieder die Assimilation an das reine Sein erlangen.

Aus dieser Aufteilung: ewiger Makrokosmos, bedingte Makrokosmen – Reinigungsebenen und Materie, die durch das Fallgeschehen entstanden – ergibt sich folgende Situation:

Das ewige Reich ist von reinen Wesen – sie werden Geistwesen genannt – bevölkert, die Reinigungsebenen von entkörperten Seelen und die Erde, die Materie, von verkörperten Seelen, von Menschen.

Alle bewohnten Planeten sind von Speichersternen umgeben. Der fallbedingte Teil des großen Ganzen – die Reinigungsebenen und die Materie – ist mit einem Computer zu vergleichen, den ich die Buchhaltung Gottes nenne.

Alle Universen, die reinen Universen und die Falluniversen, werden von einer Kraft erhalten: dem Geist Gottes, der fließenden, allgegenwärtigen Energie, dem ewig alldurchströmenden Gesetz, in welchem die Geistwesen leben und von dem auch die Seelen und Menschen erhalten werden.

Die beiden fallbedingten Makrokosmen – Speicherplaneten für Menschen und Seelen

Aus der Schöpfung Gottes, der Allkraft, dem ewig strömenden Gesetz, gingen die reinen Geistwesen und die geistigen Naturreiche hervor. Die Körper der Geistwesen sind komprimiertes ewiges Gesetz und somit der Mikrokosmos im göttlichen ewigen Makrokosmos. Die geistigen Naturreiche – die Mineralien, Pflanzen, Tiere und Naturwesen – sind Entwicklungsformen, gleich Elementarformen, mit unterschiedlichem Bewußtseinsstand. Sie sind geistige Lebensformen, geschöpft und geschaffen aus dem fließenden ewigen Gesetz Gott, und gehören zum ewigen geistigen, feinstofflichen Makrokosmos.

Die Gestirne der Reinigungsebenen, zu denen das materielle Universum gehört, sind nur Teilaspekte aus dem reinen ewigen Makrokosmos, dem Reich Gottes. Die Planeten der Reinigungsebenen, auf denen die entkörperten Seelen leben, sind in ihrer Struktur feiner als die Planeten des materiellen Universums.

Die beiden Fall-Makrokosmen, Reinigungsebenen und materielles Universum, gleichen sich in ihrer Struktur jeweils den Seelen und Menschen an durch das Prinzip Senden und Empfangen. Was also der Mensch sendet, das nehmen die entsprechenden Planeten auf. Deshalb sind sie Speicherplaneten für das Soll und Haben jeder Seele und jedes Menschen. Das Soll ist die Schuld, die Speicherung in den Planeten. Das Haben ist die Auflösung der Schuld in den Speichersternen und die Umwandlung dieser Negativenergie in positive Energie in der Seele.

Der Makrokosmos, der von den Planeten der Reinigungsebenen gebildet wird, entspricht in seinen Schwingungsgraden den Belastungen jener Seelen, die in den Reinigungsebenen leben, um abzutragen, was sie sich als Menschen an Sündhaftem auferlegt haben. Jede Seele ist mit ihren Belastungen der Mikrokosmos im Makrokosmos der Reinigungsebenen.

Der materielle Makrokosmos mit den materiellen Gestirnen registriert alle Vorgänge der Materie. Der physische Körper ist somit der Mikrokosmos im materiellen Makrokosmos, dem materiellen Universum, zu dem auch die Naturreiche der Materie gehören. Die allumfassende Buchhaltung Gottes registriert und speichert im Fallbereich jeden Baustein der Materie. Jede Zelle des menschlichen Leibes, sämtliche Vorgänge in der Zellstruktur und in jedem Baustein der Materie bestehen aus verschiedenen Schwingungsgraden, die sich auffächern und entsprechend ihrer Frequenz in die Speicherung der Reinigungsebenen und in die Speicher des materiellen Universums eingehen. Das vollzieht sich dann, wenn diese Vorgänge schon im Ober- und Unterbewußtsein des Menschen schwingen und somit auch in der Seele registriert sind.

Seelen und Menschen können nach dem Prinzip Senden und Empfangen den rein geistigen Makrokosmos, das Reich Gottes, so lange nicht erreichen, wie sie mit schweren Sünden belastet sind. Der geistige Makrokosmos, das Reich Gottes, das ewige Gesetz, hingegen durchstrahlt alle Teile, die aus ihm abgefallen sind, sämtliche Bausteine beider Fall-Makrokosmen.

Das Ganze kann als absolute Registratur bezeichnet werden. Die Welt der Sterne ist ein riesiger Computer, der auf jeden Vorgang – und sei er noch so unscheinbar – reagiert. Es geht also kein Jota verloren, weil alles Energie ist, die in ihrem Schwingungsgrad in Kraft oder Form oder Struktur erhalten bleibt. Jeder Vorgang auf dieser Erde, jeder Gedanke eines Menschen, jede Empfindung, jede Handlung, alle Wünsche, Sehnsüchte, Leidenschaften werden von diesen beiden Makrokosmen – Reinigungsebenen und Materie – aufgenommen.

Durch Senden und Empfangen – ein gigantisches Kommunikationsnetz, ein mächtiges Computersystem

Gott, das alles durchströmende ewige Gesetz, ist alles in allem, die durchstrahlende, ewige, erhaltende und gebende Kraft in jedem Baustein der Materie und der Reinigungsebenen. Der Mensch und auch die Seele können nur so weit strahlen, wie es ihrem Bewußtseinsstand entspricht.

Das materielle Speichersystem steht eng mit dem Speicher der Reinigungsebenen in Verbindung. Beide Systeme registrieren die Ursachen der Menschen. Was die Seele und der Mensch senden, also das, was von ihnen ausgeht an Gefühlen, Empfindungen, Gedanken, Worten, Handlungen, an Wünschen, Leidenschaften, Begierden und Sehnsüchten – auch alle ehemaligen ungesühnten Vorgänge bis zurück in Vorinkarnationen –, das empfangen Seele und Mensch wieder. Durch Strahlung kommt das Sendepotential jeder Seele und jedes Menschen aus den Computersystemen der beiden Makrokosmen wieder auf Mensch und Seele zurück. Sie empfangen.

Solange Seele und Mensch belastet sind, stehen sie also mit den Reinigungsebenen und dem materiellen Speichersystem in Kommunikation und werden von dieser Sternenwelt gesteuert. Ist die Seele gereinigt, dann steht sie in Kommunikation mit dem ewigen Sein. Trotzdem ist ihre irdische Hülle, der Mensch, mit dem materiellen Speichersystem verbunden, da alle Schwingunsgrade der materiellen Bausteine des Körpers dort registriert sind.

Auch von den verschiedenen Bewußtseinsständen der Lebensformen der Naturreiche – die wiederum verschiedene Schwingunsgrade sind –, sowohl in den Reinigungsebenen, im feineren Makrokosmos, als auch auf der Materie, im groben Makrokosmos, wird das Feinstoffliche vom ewigen Makrokosmos getragen und das Grobstoffliche – z.B. die materielle Hülle – von den beiden Speicherprinzipien geleitet.

Wer sich in diese Aussagen hineinempfindet, der ahnt die gigantische und detaillierte Registratur Gottes für alle und für alles, was sich außerhalb des ewigen Seins, des Reiches Gottes, befindet.

Durch die Maschen dieses gigantischen Kommunikationsnetzes – Reinigungsebenen und materielles Universum – kann weder eine Seele noch ein Mensch hindurchschlüpfen. Um in den reinen Makrokosmos, in das ewige Reich Gottes, einzugehen, müssen der Mensch und die Seele wieder die Reinheit erlangt haben. Die Speicherungen in den Gestirnen der Fallbereiche müssen gelöscht sein.

Die ganze Unendlichkeit ist also ein mächtiges Computersystem. Den reinen Makrokosmos, das Reich Gottes, und alle positiven Kräfte im Negativen nenne ich den Allcomputer. Die Absplitterungen vom göttlichen Makrokosmos, die Reinigungsebenen und das materielle Universum, das zum Ausdruck gelangte Negative, bezeichne ich als den Kausal- oder Fallcomputer.

Wir sind also registriert – jeder einzelne von uns. Solange unsere Seelen belastet sind, stehen wir mit unseren Belastungen in Kommunikation – mit den beiden abgesplitterten Makrokosmen, mit unserem eigenen Sendepotential, das dort gespeichert ist. In diesem Zusammenhang können wir auch die Aussage „Was du säst, das wirst du ernten" besser verstehen. Es ist das Prinzip: Was du sendest, das empfängst du.

Gott ist alles in allem. Gott, das ganze Prinzip, das Sein, das ewige Gesetz, befindet sich in jeder Seele und somit in jedem Menschen; denn jeder Mensch besitzt eine Seele. Der unbelastbare Wesenskern in der Seele ist Gott, das ewige Gesetz, das Ganze. Er ist die tragende und speisende Urkraft allen Seins.

Die Urkraft besteht aus den sieben Grundkräften der Unendlichkeit. Gott, das ewige Prinzip, ist in jedem Baustein der Unendlichkeit als vollkommene Kraft. Je nach Bewußtseinsgrad strahlt die Vollkommenheit, der Wesenskern, eine oder einige Grundkräfte als Evolutionsfacetten aus.

Gott ist also unteilbar und ist deshalb ungeteilt in allem – und in allem das Ganze. Infolgedessen ist überall Gott. In jedem Baustein der Materie ist Gott. In jedem Ablauf, jedem Geschehen ist Gott die Bewegung, das Leben. Die Energiequelle der Seele und des Menschen, der Wesenskern, Gott, das unbelastbare Sein, und alle positiven Kräfte in allen Bausteinen stehen über den Wesenskern mit dem reinen Makrokosmos, dem ewigen Gesetz, in beständiger Kommunikation. Da alle registriert sind und alles registriert ist, so ist auch alles Kommunikation – durch das Prinzip Senden und Empfangen.

Der Weg der Seele zur Inkarnation geht über die Planetenkonstellationen

Infolge der Abspaltung von Gott, durch den Fall, ergab sich im Laufe der Verdichtung, der Menschwerdung, die Einverleibung der Seele, die Inkarnation.

Geht ein reines Geistwesen, das im ewigen Sein, im göttlichen Makrokosmos, dem Reich Gottes, lebt, in die Dichte zur Einverleibung, dann durchschreitet es den Makrokosmos der Reinigungsebenen und den materiellen Makrokosmos, um dann auf Erden Mensch zu werden.

Diese Wege hin zur Inkarnation sind für das sich inkarnierende Geistwesen Erkenntniswege. Mit den Erkenntnissen darüber, was sich in den Reinigungsebenen vollzieht und wie die beiden Kosmen, der feinere Kosmos und der gröbere Kosmos, reagieren, deckt das sich inkarnierende Geistwesen seine Göttlichkeit ab. Diese seine Erkenntnisschritte sind in den Reinigungsebenen und im materiellen Kosmos gespeichert. Das ist der erste Magnetismus, und das sind die ersten Kommunikationen, mit denen das inkarnierte Geistwesen sodann in Verbindung tritt.

Für ein reines Wesen gilt das gleiche wie für eine belastete Seele, die aus den Reinigungsebenen zur Einverleibung geht: Das Wissen um seine Herkunft und der Grund der Einverleibung ist abgedeckt. Woher also das Geistwesen oder die belastete Seele kommen, was dort ablief, ist während des Erdenlebens verhüllt.

Ein reines Geistwesen, das, aus den Himmeln kommend, Mensch wird, bringt einen göttlichen Auftrag für die Erde mit. Eine belastete Seele, die aus den Reinigungsebenen zur Inkarnation geht, bringt ihre noch ungesühnten Ursachen mit, die sie dann im Erdendasein bereinigen soll.

Einerlei, ob ein Geistwesen oder eine belastete Seele ins Erdenleben eintritt – beide werden gemäß ihrem Eingabepotential, welches gleich das Kommunikationspotential ist, über die Planetenkonstellation der Reinigungsebenen und über die Planetenkonstellation des materiellen Kosmos zur Erde geleitet. Beide Konstellationen sind weitgehend identisch, also durch Kommunikation aufeinander abgestimmt. Die Konstellationen gleich Kommunikationen sind Wege der Anziehung, auf denen dann Geistwesen oder belastete Seelen zur Einverleibung gehen.

Das Computersystem der Fallreiche registriert präzise alle Abläufe auf der Erde und in den Seelenreichen

Was sich jeden Augenblick in und auf der Erde vollzieht, sich ab- und aufbaut, sowie jede Regung und Bewegung der Seele und des Menschen – ebenso im Fein- und Grobstofflichen der Naturreiche – wird in den Gestirnen registriert. Der Ablauf der vielen Details, die oftmals nur feinste Nuancen von Veränderungen sind, die wir Menschen gar nicht wahrnehmen und auch nicht begreifen können, wird im Kosmos aufgezeichnet.

Verändert sich z.B. durch intensive Sonnenbestrahlung die Haut des Menschen, dann ändert sich auch die Zellschwingung und nicht zuletzt die atomare Schwingung des Körpers. Diese feinsten Abweichungen werden sofort im Computersystem des Alls erfaßt – entweder im Computersystem der Reinigungsebenen oder im Computersystem des materiellen Universums oder in beiden.

Der Kausalcomputer berücksichtigt nicht nur die objektiven Fakten, sondern auch die moralisch-ethische, also innere Komponente. Ein Beispiel:

Setzt sich ein Mensch unbewußt der erhöhten Sonnenstrahlung aus, z.B. im Beruf oder das Kind beim Spiel, dann ist es möglich, daß die dadurch bedingte Hautveränderung nur im materiellen Kosmos registriert wird, wenn keine gravierende Ursache zugrunde liegt. Nimmt jedoch der Mensch bewußt die erhöhte ultraviolette Strahlung der Sonne auf, weil er z.B. mit seiner Bräune Menschliches bewirken möchte, dann wird sich diese Hautveränderung in beiden Makrokosmen auswirken. Zum einen werden die Gedanken in den Gestirnen der Reinigungsebenen erfaßt, zum anderen die Hautveränderung in den Gestirnen des materiellen Kosmos.

Mit jeder Veränderung, und sei es nur im Rhythmus des Atems, nehmen wir schon Kommunikation zu jenen Bereichen des Kosmos auf, in welchen wir registriert sind. Mensch und Kosmos bilden eine Einheit; deshalb ist auch jede kleinste Nuance gespeichert und wird sofort aktiv, wenn wir uns verändern.

Ähnliche Abläufe finden auch zwischen den Naturreichen und den Fallcomputern statt. Starke Windböen z.B. verändern vieles in der Natur. Leidet die Natur Schaden, dann treten diese Veränderungen in den beiden Fallcomputern auf. Werden Pflanzen und Bäume zerstört, dann zieht sich die Lebenskraft zurück. Dieser Vorgang findet auch im göttlichen Sein das entsprechende Echo.

Jede Veränderung bewirkt zugleich eine Veränderung im All. Das ist die mächtige Buchhaltung Gottes – ein gigantisches Computersystem.

Diese überdimensionale Buchhaltung Gottes ist die Gerechtigkeit des Ewigen. Nichts geht verloren – alles ist verzeichnet. Jedes Staubkorn, jedes Sandkorn, jedes Atom, jede Regung und jede Neigung, jeder Windhauch und jeder Sonnenstrahl, jeder Strahl des Mondes und jeder Strahl der Gestirne, jede Spermie und jede Eizelle, jede Zelle des menschlichen Körpers ist registriert.

Jede Spermie, die bei der Vereinigung zwischen Mann und Frau den Weg zur Eizelle sucht und zur Zellteilung anregt, wird schon vom materiellen Kosmos geleitet; ihr Weg wird sofort aufgezeichnet. Entsteht dann ein physischer Körper, so wird dieser von der ersten Zell-teilung an im materiellen Kosmos registriert. Der Wachstumsprozeß wird vom Kosmos her geleitet und gleichzeitig die Schwingung und jede Bewegung des werdenden Körpers im Leibe der Mutter wiederum im All aufgebaut.

Die Fall-Makrokosmen registrieren das Sterben und das Werden jedes Menschen, jeder Pflanze und jedes Tieres und begleiten sowohl das Sterben als auch das Werden. Jede Generation hat andere Lebensregeln und andere Lebensformen, auch im Umgang mit den Menschen und den Naturreichen; sie werden in allen Einzelheiten aufgezeichnet und erfaßt.

Die medizinischen, wirtschaftlichen und wissenschaftlichen Erkenntnisse eines Volkes und was es daraus macht, jedes Gefühl, jede Empfindung, jedes Wort und jede Handlung – die Fall-Makrokosmen registrieren alles. Das mächtige Computersystem speichert jede Erkenntnis, die zuerst als genial aufgenommen und dann wieder als Illusion verworfen wird. Es nimmt auf und löscht und teilt jenen Menschen die Ursachen zu, die mit ihren medizinischen, wissenschaftlichen oder wirtschaftlichen Methoden am Menschen oder in der Natur manipuliert, also Ursachen gesetzt haben.

Jede Lebensform – und sei es die kleinste Mikrobe, die sich ganz allmählich aufbaut und in Aktion trittt – wird in allen Bewegungen ihres Lebens vom materiellen Makrokosmos registriert und vom ewigen Sein begleitet. Jeder Prozeß der Verwesung wird vom materiellen Makrokosmos wahrgenommen und, je nach eingetretenem Aggregatzustand, gespeichert. Alle Verwesungsprozesse in und auf der Erde, im Wasser und in der Luft – und seien es die der kleinsten Lebensformen, die mit den physischen Augen nicht mehr wahrnehmbar sind – werden mit all ihren Stadien vom materiellen Makrokosmos kontrolliert und in der jeweiligen Position registriert.

In der Weise, wie sich eine einzelne Zelle in einer Lebensform der Natur aufbaut, so baut sie sich auch im materiellen Makrokosmos auf. So, wie eine einzelne Zelle stirbt und sich allmählich in andere Energieformen umwandelt, so registriert es auch der Makrokosmos.

Wir können also davon ausgehen, daß sich jeder werdende materielle Baustein entsprechend seinem Entwicklungsweg im materiellen Kosmos aufbaut. So, wie sich jeder Baustein der

Materie verändert, wandelt er sich auch im Makrokosmos, und so, wie jeder einzelne Baustein der Materie stirbt und in einen anderen Aggregatzustand übergeht – so vollzieht sich der Vorgang auch in den Fall-Makrokosmen.

Der überdimensionalen und gerechten Buchhaltung Gottes entgeht nichts. Die Inhalte der unzähligen Augenblicke eines Tages, die jeder Mensch unterschiedlich aufnimmt, weil in jedem Augenblick für jeden Menschen andere Impulse gesetzt werden, kommen von den drei Makrokosmen – entweder aus dem ewigen Sein oder aus den Reinigungsebenen oder aus dem materiellen Kosmos.

Die gigantische und gerechte Buchhaltung Gottes erfaßt alle Details des Erdenlebens

Leichtfertig geht der Mensch mit seinem Leben um, auch mit dem werdenden Leben im Leibe der Mutter, ebenso mit dem Leben und dem werdenden Leben in den Naturreichen. Viele Menschen glauben, sie könnten über das Leben anderer oder über das werdende Leben im Mutterleib bestimmen. Viele machen sich die Erde auf brutale Weise untertan und nehmen sich das Recht heraus, in die Gesetzmäßigkeiten der Naturreiche einzugreifen. Letzten Endes greifen sie in ihr eigenes Leben ein und töten allmählich die Zellverbände ihres Körpers, weil sie sich immer mehr belasten durch das Aufladen von Schuld, also von Ursachen.

Mit unvorstellbarer Härte und Brutalität wird jetzt die Genforschung betrieben. Tiere und Pflanzen müssen leiden und sterben. Auch Menschen werden als Versuchsobjekte verwendet. Hier greift der Mensch in das Erbgut seiner Mitmenschen ein und ist sich nicht bewußt, daß er sich damit unvorstellbar belastet. Wer nimmt sich das Recht heraus, andere zu manipulieren? Nur der, der selbst manipuliert ist und keine Achtung vor dem Leben und dem Ablauf des Lebens hat.

Heute geht es immer wieder um den Abtreibungsparagraphen in der Frage, unter welchen Voraussetzungen eine Abtreibung erlaubt sei. Befragen wir das Absolute Gesetz, dann kommt ein klares Nein zur Abtreibung. Abtreiben ist gleich Töten, denn schon wenn sich die Eizelle in der Frau zu teilen beginnt, wird über den Makrokosmos der Reinigungsebenen eine Seele angeregt, die dem Erbgut des Zeugenden und der Empfangenden entspricht. Die Seele, die durch die Zeugung den Impuls erhält, nähert sich dann ganz allmählich dem sich aufbauenden physischen Körper, dem Embryo im Leibe der Mutter.

Die Seele bringt also Belastungen und Eigenschaften mit von jener Art, wie sie im Augenblick der Zeugung – sowohl im Samen des Mannes als auch in der Eizelle der Frau – aktiv waren. In der Seele, die sich dem Embryo im Leibe der Mutter nähert, liegen also gleiche und ähnliche Anlagen wie jene, die in den Spermien und in der Eizelle aktiv waren – entweder göttlicher Natur oder menschlicher Kausalnatur.

Die Eltern also bestimmen, welche Seele sie anziehen. Was die sich nähernde Seele an Strahlungspotentail – positiv und auch negativ – mitbringt, entspricht wiederum dem Erbmaterial der Frau und des Mannes. Dementsprechend baut sich auch der Erdenkörper, der Embryo, im Leibe der Mutter auf. Jedes Detail des Auf- oder Abbaus eines Körpers wird in den Gestirnen, im materiellen Makrokosmos, registriert.

Wird nun ein Embryo – und sei es auch im Anfangsstadium seines Lebens – abgetrieben, dann wird eine sich nähernde Seele vertrieben, das heißt, ein werdender Körper wurde getötet und einer Seele die Einverleibung verwehrt. Diese Ursachen fallen auf die Verursacher. Jeder Beteiligte erhält jenes Quantum an Schuld zugeteilt, womit er beteiligt war.

Es ist für unseren menschlichen Verstand unfaßbar, daß alle Details des Lebens registriert werden. Doch die gigantische und gerechte Buchhaltung Gottes ist die Konsequenz des Allprinzips: Was du sendest, das wirst du wieder empfangen.

Alles ist in allem enthalten – deshalb ist alles gespeichert. Auch jedes Blutgefäß, die Zusammensetzung der Knochen, der Muskeln, der Sehnen, der Bänder, der Lymphe, der Lymphgefäße und der Lymphbahnen, der Drüsen und Hormone – jeder kleinste Baustein ist erfaßt. Alle Abläufe in den Bereichen der Natur, sogar jede Bewegung eines Baumes, eines Strauches, einer Pflanze, eines Tieres wird von den Gestirnen ausgelöst und wieder registriert.

Über diese absolute Registratur im materiellen Makrokosmos und im Makrokosmos der Reinigungsebenen erfolgt sodann die Führung Gottes. Bei einer Seele, die zur Inkarnation geht, ist ausschlaggebend, wieviel Licht oder Schatten sie in diese Welt mitbringt. Denn daraus ergibt sich die mittelbare oder unmittelbare Führung Gottes.

Eine sehr belastete Seele wird entsprechend ihren Schatten von den Reinigungsplaneten über den materiellen Makrokosmos gesteuert. Sie kann vom ewigen Sein, von Gott, nicht unmittelbar geführt werden; denn sie lebt in ihrer menschlichen Eigendynamik – das heißt, sie schafft immer mehr Ursachen und ist ausgerichtet auf ihre Schatten. Ein solcher Mensch lebt gleichsam in einem Gefängnis, dessen Gitterstäbe sein menschliches Ich geschaffen hat. Er hat nur Kommunikation mit seinen Ursachen, letztlich mit den Gestirnen, in welchen sein Ich gespeichert ist.

Die mittelbare Führung ist die erhaltende und impulsgebende Energie. Sie ist der Weckruf Gottes. Aufgrund von ehernen Gesetzmäßigkeiten ist das All beständig in Bewegung und bringt dadurch die Ursachen zur Wirkung, die der Mensch als Krankheit, Schicksal und dergleichen zu tragen hat – wenn er dem göttlichen Weckruf nicht folgt. So lange wird der Mensch von seinen eigenen Belastungen gesteuert, bis er erwacht und höhere Erkenntnis in seinem Leben Raum gewinnt.

Machen wir uns bewußt, welch ein mächtiges kosmisches Uhrwerk tickt, in dem auch jeder Mensch ein Rädchen ist, das, je nach seiner Verzahnung mit dem gesamten Räderwerk, schneller oder langsamer läuft oder sprunghaft ist oder stillsteht. Überdenken wir in einer ruhigen Stunde diese exakten Zusammenhänge der drei Makrokosmen und der absoluten Buchführung Gottes in den Reinigungsebenen und im materiellen Universum, dann erfassen wir, weshalb wir auf der Erde sind, nämlich, um wieder göttlich zu werden, um als reines Wesen zurückzukehren in den ewigen Makrokosmos, in das ewige göttliche Gesetz. Wer sich in diese Darlegungen vertieft, versteht auch die Aussage: „Nun aber sind auch eure Haare auf dem Haupt alle gezählt." „Kauft man nicht zwei Sperlinge um einen Pfennig? Dennoch fällt deren keiner auf die Erde ohne euren Vater."

Impulse aus den Gestirnen des Computersystems geleiten die Seele auf ihre Erdenwanderung

In den Reinigungsebenen, in denen die Seelen leben, ist ein beständiges Kommen und Gehen der Seelen durch das Hinein- und Herausschlüpfen aus dem Fleisch. Beim ersten Schrei eines Neugeborenen findet der Zusammenschluß zwischen Seele und Mensch statt – das Hineinschlüpfen der Seele in das Fleisch. Der im kleinen Erdenbürger einverleibten Seele obliegt nun die Aufgabe, ihren angenommenen physischen Leib für das irdische Dasein vorzubereiten.

Jede Seele hat ihren Lebensrhythmus, ihre spezielle Schwingung, die sich aus dem Licht und dem Schatten der Seele ergibt. Eine lichte, also nicht sehr stark belastete Seele hat einen harmonischen Rhythmus und somit eine harmonische Bewegung. Eine belastete, also verschattete Seele ist geprägt durch disharmonische Rhythmen und disharmonische Bewegungen. Diese Rhythmen, diese Schwingungen, überträgt die Seele ihrem physischen Körper. Deshalb macht jedes Kind schon von der Geburt an andere Bewegungen.

Der erste Schrei des Kindes ist zugleich das erste Ausatmen und Einatmen der Seele in ihrem irdischen Leib. Dieser erste Kontakt mit ihrem Körper, der erste Schrei, ist bei jedem Neugeborenen verschieden, weil dieser erste Atemzug der Seele im Erdenkleid die Schwingungsgrade der Seele anzeigt – entweder harmonisch oder disharmonisch.

Der erste Schrei im physischen Leib ist für die Seele die Koppelung mit dem irdischen Körper und zugleich, in der Verbindung Seele und Mensch, die erste Speicherung in den Gestirnen für das neue irdische Leben. Zugleich nimmt sie Kontakt mit ihren Speicherungen im Fallcomputer auf, die sie – sofern sie schon einverleibt war – aus Vorinkarnationen dort zurückgelassen hat.

Aus dem Computersystem bekommt die Seele des Menschenkindes immer wieder Impulse, die menschlichen Töne zu modellieren, Impulse, die ihr nahelegen, auf die Töne, das heißt auf die Worte der Eltern und der Familienmitglieder zu lauschen, um so die menschliche Sprache zu erlernen, damit sie sich im Laufe ihres Wachsens und Reifens verständlich machen kann.

Die Seele ging über die Planetenkonstellationen zur Inkarnation, die ihren Seeleninhalten entsprachen. Sie beinhalten die Lebensprogramme für diesen Erdengang. Auf diese Weise steht der neue Erdenbürger schon in Kontakt mit dem Kausalcomputer, den beiden Makrokosmen Reinigungsebenen und materieller Kosmos, oder mit dem Allcomputer, dem ewigen Makrokosmos – je nach Licht oder Schatten seiner Seele.

Das kosmische Computersystem gibt dem Neugeborenen auch die Impulse, die physischen Augen zu öffnen und das Gehör zu schärfen. Durch die Mithilfe der Seele, die aus den Gestirnen die Impulse empfängt, öffnen sich im physischen Körper die Augen; das Kind beginnt allmählich, zu sehen, zu hören und zu verstehen.

Sehen, Hören und Verstehen muß der kleine Mensch lernen. Dabei hilft ihm der kosmische Computer, der die Programme aktiviert, die in der Planetenkonstellation für die Seele gespeichert sind. Auch die Familie und die Menschen, welche das Neugeborene umgeben, tragen mit dazu bei, daß die Seele ihre noch nicht programmierte Hülle, den physischen Leib, ganz allmählich zu durchdringen vermag, so daß sie im Erdenkörper entweder von Gott, dem ewigen Gesetz, geführt oder von den Reinigungsebenen gesteuert werden kann – je nachdem, was die Seele mitbringt, Licht oder Schatten.

Entscheidend ist also, woher die Seele kommt, von lichten Höhen oder aus den Bereichen des Schattens, in denen sie als belastete Seele gelebt hat. Im kleinen Erdenbürger bereitet sie Tag für Tag, Woche für Woche, Monat für Monat, Jahr für Jahr ihren Körper für das weitere Erdenleben vor. In dieser Vorbereitungsphase entstehen auch die ersten Lebensprogramme für das Leben auf der Erde. In dem Maße, wie der Körper reagiert, also sitzt, steht, spricht und sich bewegt, schlüpft die Seele mehr und mehr in ihren Leib und verästelt sich dort. Sie arbeitet sich gleichsam in den Leib hinein, um alle Funktionen in dem wachsenden und reifenden Körper zu beherrschen, bis ihr physischer Leib weitgehend synchron auf die Seele reagiert. Durch diese Verbindung entsteht eine Wechselwirkung zwischen Seele und Leib – beide wirken dadurch aufeinander ein.

Das allmähliche Hineinschlüpfen der Seele können wir mit der Einwurzelung eines Baumes vergleichen. So, wie sich der junge Baum mit seinen Wurzeln allmählich in das Erdreich hineinarbeitet und sich das Wurzelwerk verzweigt, ähnlich ist es mit der Seele, die ganz allmählich mit allen Schwingungen ihres Seins alle Fasern ihres irdischen Leibes durchdringt.

Der physische Körper – das Spiegelbild der Seele

Keine Seele kann ohne die unbelastbare Energie, Gott, existieren und auch nicht ihre Hülle, der Mensch. Deshalb besteht der Mensch aus Geist, Seele und Körper. Der Geist ist die unbelastbare Energie, der Wesenskern der Seele. Das Wort „Wesenskern" besagt, daß dieser das göttliche Erbe, die Mentalität und die Fähigkeiten des reinen Wesens beinhaltet. Der Wesenskern ist in beständiger Kommunikation mit dem Reich Gottes, dem ewigen Makrokosmos.

Die Seele besteht aus geistigen Partikeln. Die geistige Partikelstruktur trägt teilweise die Belastungen aus zurückliegenden Inkarnationen. Mit diesen Belastungen, gleich Verschattungen, steht die entkörperte Seele in den Reinigungsebenen oder die inkarnierte Seele, der Mensch, mit jenen Planeten in Kommunikation, in welchen die Belastungsprogramme, ihre Ursachen, gespeichert sind.

Wer in das große kosmische Geschehen einer Inkarnation eingreift, beispielsweise durch Abtreibung eines Embryos, der wird einst Gleiches oder Ähnliches zu erdulden haben. In einer der nächsten Einverleibungen wird seine Seele unter Umständen dasselbe Schicksal ereilen. Auch sie wird durch Abtreibung zurückgestoßen werden, oder sie wird in ein sogenanntes unterentwickeltes Land in unwirtliche Lebensbedingungen inkarnieren, weil sie einst einem Wesen, einer Seele, die Entwicklung auf der Erde verweigert hat.

Der physische Körper ist das Spiegelbild der Seele. Die Ausstrahlung der Seele beruht auf dem, was sie sich in den einzelnen Inkarnationen, in den verschiedenen physischen Körpern, angeeignet hat. Das strahlt die Seele in ihren irdischen Leib; dadurch wird der Leib geprägt. Was also die Seele trägt, Licht oder Schatten, das überträgt sie ihrer Hülle. Mit diesen Schwingungen bringt sie die atomare Struktur des Menschen in Aktion, der dann so gezeichnet ist, wie die Seele strahlt.

Deshalb wird der irdische Körper auch der Gedankenkörper genannt, weil die Gedanken des Menschen die Spiegelung der lichten oder

der sündhaften Seele sind. Die Ausstrahlung der Seele beruht auf dem, was der Mensch in seine Seele durch sein Fühlen, Denken, Sprechen und Handeln, durch seine Wünsche, seine Leidenschaften, seine Sehnsüchte – oder durch die Erfüllung der göttlichen Gesetze eingegeben hat.

Das Licht der Seele bewirkt in ihrem physischen Leib, daß der Mensch edel, fein und gut ist, daß er für seinen Nächsten und mit seinem Nächsten ist. Die Schatten bewirken Gehässigkeit, Neid, Feindschaft, Intoleranz, Hochmut, Eitelkeit, Abwertung des Nächsten, Genußsucht und weiteres mehr.

Der Mensch und seine Seele bilden weitgehend eine Einheit. Die Ausstrahlung der Seele ist gleich der Ausstrahlung des Menschen. Diese Strahlungsintensität verbindet Seele und Mensch mit dem kosmischen Computer. Die lichte Seele hat Kommunikation mit dem All-Makrokosmos, dem ewigen Sein. Die belastete Seele und der gleichermaßen belastete Mensch haben Kommunikation mit dem Makrokosmos der Fallreiche, in welchen ihre sündhaften Programme gespeichert sind.

Der materielle Makrokosmos ist der Speicher für die Bewegungen und Abläufe auf und in der Materie. Er speichert auch das Sündhafte des Menschen, das seine Seele nach dem Tod ihres irdischen Körpers dann, wenn sie eventuell wieder zur Einverleibung geht, mit in ihren neuen Menschen nimmt.

Licht und Schatten wirken sich in allen Bausteinen des physischen Leibes aus. Daher kann über die Speicherung im All eine Ursache, die in der Seele liegt, im Menschen als Krankheit, als Schicksal und dergleichen wirksam werden, weil jede Zelle, jeder Baustein des physischen Leibes an den Programmen des menschlichen Ichs beteiligt ist.

Die Seele im Menschen ist auf der Wanderung. Über den Kausalcomputer wird sie gesteuert und an jene Orte gelenkt, wo sie ihr Menschliches erkennen und bereinigen soll, und auch mit jenen Menschen zusammengeführt, mit denen sie ihre ehemaligen gegensätzlichen Verhaltensweisen, ihr Sündhaftes, zu bereinigen hat. Auf vielerlei Art und Weise werden Seele und Mensch auf die bestehenden Sünden aufmerksam gemacht, so daß der Mensch sie rechtzeitig zu erkennen vermag, um sie über Christus mit dem Nächsten zu bereinigen, bevor die Ursachen zum Ausbruch kommen.

Wir sind auf Erden, um göttlich zu werden

Wir sind also auf Erden, um göttlich zu werden. Jeder von uns befindet sich in der Lebensschule Erde, um zu lernen, sich zu erkennen und das Sündhafte zu bereinigen, so daß sich dieses in der Seele und im Computersystem der Reinigungsebenen löscht. Dadurch wandelt sich in der Seele die negative Energie in positive Energie um – Seele und Mensch bauen wieder die Kommunikation zum Wesenskern der Seele, dem ewigen Sein, auf. Nach dem physischen Tod kann dann die gereinigte Seele zurück in die ewige Heimat, von der sie als Wesen des Lichtes ausging.

Der Weg ins ewige Sein vollzieht sich nach gesetzmäßigen Abläufen. Jede Seele und jeder Mensch besitzt den freien Willen. Gemäß der freien Entscheidung, sich weiterhin zu belasten oder sich von dem Sündhaften zu reinigen, geht die Seele entweder immer wieder in die Reinigungsebenen und zu weiteren Einverleibungen, oder sie geht in die ewige Heimat zurück.

Der Ewige, Gott, gab durch Mose den Menschen die Zehn Gebote. Jesus von Nazareth lehrte uns die Bergpredigt. Die Zehn Gebote und die Bergpredigt sind Gesetzmäßigkeiten des ewigen Makrokosmos, Auszüge aus dem ewigen Gesetz. Diese Lebensregeln gelten für die Menschen aller Glaubensrichtungen. Sie sind uns gegeben, damit wir sie im täglichen

Leben anwenden, auf daß unsere Seele wieder zu ihrem göttlichen Erbe findet und zu ihrem Ursprung zurückkehrt.

Einzig auf diesem Weg der Verwirklichung und der Erfüllung der Gebote Gottes wird die Seele lichter, der Mensch glücklicher, gesünder und weise. Der Weg der Umkehr und der Einkehr in den Ursprung des wahren Seins bewirkt, daß Seele und Mensch zur Wahrheit finden und der Mensch wahrhaftig wird. Das soll das Ziel jeder Seele und jedes Menschen sein.

Das physische Erbgut zieht die Seele erneut ins Erdenkleid

Wer seine Lebensaufgabe, wieder göttlich zu werden, nicht meistert, dessen Seele wird dann wieder zur Inkarnation gehen, wenn im materiellen Kosmos und im Kosmos der Reinigungsebenen ein Teil ihrer gespeicherten Ursachen aktiv wird. Diese Ursachen ziehen dann die Seele zur Einverleibung. Voraussetzung ist, daß in der Seele die Neigung vorhanden ist, entweder als Mensch wieder einiges erleben zu wollen oder der Wunsch, ihre Sünden abzutragen, oder das Streben, an einer weltlichen Aufgabe weiterzuarbeiten, welche die Seele in einem früheren Erdenkörper nicht fertigstellen konnte, weil ihren irdischen Leib der physische Tod ereilte.

Der Zug einer Seele, zur Erde zu gehen, kann genetisch bedingt sein – dann, wenn Menschen einen Körper zeugen, deren Genmaterial Ursachen trägt, die in Verbindung mit den Anlagen jener Seele stehen. War diese Seele als Mensch z.B. ein Wissenschaftler, der in Verbindung mit mehreren Wissenschaftlern an einer Erfindung gearbeitet hat, dann kann der Hang der Seele sehr intensiv sein, als Mensch an diesem Projekt weiterzuarbeiten.

Wissenschaftler, die gemeinsam an einer Erfindung gearbeitet haben, z.B. in der Raumfahrt oder der Computertechnik oder in der Gentechnik oder Atomspaltung, haben ein gemeinsames Gruppenkarma; denn alles, was gegen das Gesetz, Gott, ist, bindet die Seelen aneinander, die als Menschen miteinander in dieser Aufgabe tätig waren.

Die Computertechnik ist gegen das Gesetz Gottes, sofern durch Computer Menschen überwacht und gesteuert werden. Es ist dann möglich, daß diese Wissenschaftler in einer anderen Inkarnation wieder gemeinsam an ihrer Erfindung weiterarbeiten. Was sie in Vorinkarnationen begonnen haben, das liegt in ihrem physischen Erbgut, in ihren Genen, und auch in ihrer Seele.

Nach dem Prinzip „Gleiches zieht zu Gleichem" finden solche Menschen in einer weiteren Inkarnation wieder zusammen – in anderen Erdenkörpern, jedoch mit dem gleichen Erbgut. Werden die speziellen Erbanlagen aktiv, z.B.

bezüglich der Erfindung von Computern, der Genmanipulation, der Raumfahrt, der Atomspaltung, der massiven Chirurgie usw., dann beginnen die wiedereinverleibten Seelen, ihre Pläne weiter auszubauen und zu erproben.

Ist diese sogenannte Genialität gegen das Gesetz Gottes, dann werden diese Menschen von außerirdischen Interessengruppen gesteuert, von Seelen, welche dieselben Anlagen haben wie die inkarnierten Seelen, die Menschen. Auch der Dämonenstaat widmet solchen und ähnlichen Erfindungen Aufmerksamkeit. Für ihn gilt die Devise: Alles, was gegen Gott ist, ist willkommen.

Wird eine Seele in einer weiteren Inkarnation nicht einsichtig, so setzt sie ihr Wirken an dem fort, was sie mitgebracht hat, zum Beispiel in der Gentechnik. Dann wird der Mensch auch seine neuerlichen Errungenschaften und Erfahrungen in seine Seele und in das astrale Computersystem eingeben. Kommt diese Seele nach dem Leibestod wiederum zu einer Einverleibung, dann wird sie unter Umständen wieder all das mitbringen, was sie sich in anderen Vorexistenzen als Mensch angeeignet hat. Entsprechend bauen sich dann auch der Körper und seine Gene auf.

So ist es möglich, daß eine Seele über Inkarnationen, also über Generationen hinweg ihr gegensätzliches Lebensprogramm weiter ausbaut, bis eines Tages die Ursachen zur Wirkung kommen und sie das erntet, was sie – eventuell über Jahrhunderte hinweg – gesät hat.

Der Mensch nimmt sich als die Person sehr wichtig. In Wirklichkeit ist er nur die Kapsel; wir können sie auch die Hülle oder die Schale nennen, welche die Seele umschließt. Dieses kapselartige Dasein Mensch besteht aus dem Sündhaften, den Menschlichkeiten. Das Sündhafte jedes Menschen ist gleichsam sein physisches Erbgut. Alles, was dem menschlichen Ich entspricht, auch das physische Erbmaterial, ging aus den niederen Gefühlen, Empfindungen, Gedanken, Worten und Handlungen hervor, auch aus den Leidenschaften, Sehnsüchten und den übertriebenen Wünschen, dem Sein- und Habenwollen.

Den ganzen Komplex menschlichen Ichs, die Verdichtung, als Ganzes gesehen die Materie, nenne ich auch das Personengesetz. Es ist die Kapsel, in welcher sich die Seele und die geistige Kraft, Gott, befinden.

Die Speicherung eines Menschen im Computersystem gleicht niemals den Eingaben eines anderen Menschen, so, wie nicht ein Mensch einem anderen aufs Haar gleicht. Auch ist der Tag für jeden Menschen sein persönlicher Tag, weil jeder Mensch jeden Tag anders fühlt, denkt, spricht und handelt, weil jeder täglich andere Wünsche und Neigungen hat.

Jeder Mensch ist also in seiner Wesensart individuell und wird daher auch das Individuum genannt, das seine speziellen Eigenschaften und Eigenheiten hat; es ist die spezielle Prägung des einzelnen. Es ist das Individualgesetz, auch Personengesetz genannt.

Der Mensch ist also von dem geprägt, was er in seine Seele und in die Speicherung des Computersystems eingegeben hat. Von diesem wird er auch wieder gesteuert. Die Summe des Fehlverhaltens aller Menschen wird das Kausalgesetz genannt, welches den Kausalcomputer bildet.

Die ganze Unendlichkeit ist Senden und Empfangen – Kommunikation

Die ganze Unendlichkeit ist also Gesetz. Es gibt nichts anderes als Gesetz. Das reine Sein ist das Absolute Gesetz. Die beiden fallbedingten Makrokosmen – die Reinigungsebenen und der materielle Kosmos – sind das Kausalgesetz, in welchem jeder Mensch, jede Seele und alle grobstofflichen Formen gespeichert sind. Jeder Mensch besitzt den freien Willen, nach den Auszügen aus dem ewigen Gesetz, nach den Zehn Geboten und der Bergpredigt, zu leben oder sich sein eigenes Gesetz, sein persönliches Gesetz, sein Individualgesetz, zu schaffen.

Nach dem Prinzip Senden und Empfangen ruft jeder Mensch das ab, womit er durch seine Ausstrahlung in Kommunikation steht. Stehen

Seele und Mensch mit dem Göttlichen in Kommunikation, dann empfangen sie Gesundheit, Frieden, Glück, Harmonie und innere Freude, weil das ewige Gesetz selbstlose Liebe, Friede, Freude, Harmonie und Glück ist; es ist das Sein, die Ewigkeit, die Unendlichkeit. Sendet der Mensch Haß, Neid, Feindschaft, Streit, so wird er ebenfalls das wieder ernten, was er ausgesendet hat. Kommen Haß, Neid und Streit als komprimierte Kraft, als gebündelte Strahlung, wieder auf den Menschen zu, dann erkrankt, leidet oder hungert er und findet keine Ruhe mehr.

Das ewige Gesetz durchstrahlt die Geistwesen und die reinen Naturreiche, die aus dem ewig fließenden Gesetz reine Form wurden, also komprimiertes ewiges Gesetz. Die Geistwesen leben im Strom, dem ewigen Gesetz, Gott, und empfangen aus dem ewigen Gesetz, das die selbstlose Liebe, das vollkommene Sein, ist.

In Seele und Mensch befindet sich ebenfalls die strömende Energie, die jedoch so lange erhaltende Lebenskraft ist, bis sich der Mensch Gott in seinem Inneren zuwendet, die Gesetze Gottes erfüllt, so daß die erhaltende Energie Seele und Mensch vermehrt zu durchströmen vermag. Ein Teil der positiven Energie wurde von Seele und Mensch umgepolt. Die menschlichen Gesetzmäßigkeiten, die sich Seele und Mensch geschaffen haben, sind ihr Personengesetz. Das wirkt in ihnen, das strahlt durch sie, das zeichnet Seele und Mensch, und das kommt auch wieder auf sie zurück.

Durch die kosmische Kommunikation ist den reinen Wesen die Möglichkeit gegeben, mit allen reinen Kräften im All – auch mit dem reinen Sein in den verschiedenen materiellen Formen oder in den Seelen – in Kommunikation zu treten, da alles in allem enthalten ist. Jede reine Lebensform ist komprimiertes ewiges Gesetz, welches ihr geistiges Erbe ist – die Unendlichkeit. Da jedes Geistwesen komprimiertes ewiges Gesetz ist und das Wesen gleichzeitig die ganze Unendlichkeit als Erbe in sich trägt, ist es absolut frei, auch in seinen Bewegungen in der Unendlichkeit. Es ist an keinen Ort gebunden. Dem reinen Wesen stehen alle Wege zu allen Gestirnen, zu allen Himmelsebenen offen, denn es ist komprimiertes Gesetz im strömenden ewigen Gesetz.

Mit anderen Worten gesagt: Jedem Geistwesen ist die ganze Unendlichkeit als Erbe gegeben. Daher steht es mit allen Gesetzmäßigkeiten Gottes in Kommunikation und kann sich durch die geistige Gravitation überallhin bewegen; denn Gleiches zieht immer wieder Gleiches an. Kein Bereich der Unendlichkeit ist dem Reinen fern und unzugänglich, da alles in allem ist und alles, die Fülle der Unendlichkeit, den Reinen erfüllt und durchströmt.

Die belastete Seele und der belastete Mensch hingegen können nur so weit senden und empfangen, wie ihr Sendepotential, ihr Bewußtsein, reicht. Die Seele in den Reinigungsebenen kann sich nur so weit bewegen, wie es ihrem eingeschränkten Bewußtsein entspricht, das heißt, so weit ihre Strahlung, ihre Kommunikation, reicht. Gemäß ihrem Strahlungspotential ist auch ihr Bewegungsradius.

Der physische Leib, der Mensch, ist ein Produkt der Erde und kann sich daher auch nur auf der Erde frei bewegen.

Entscheidung für Gott und die Erfüllung Seiner Gesetze – oder für unser eigenes Gesetz

In der ganzen Unendlichkeit gibt es keine Zufälle. So ist es auch kein Zufall, daß der Mensch in einem bestimmten Land und an einem bestimmten Ort lebt. In einer Vorinkarnation hat die Seele als Mensch an diesem Ort gelebt und einen negativen Magnetismus aufgebaut, der wiederum in den Gestirnen registriert ist. Dieser Magnet, der aus verschiedenen Ursachen bestehen kann, hat die Seele zu diesem Ort gezogen, den der Mensch seine Heimat nennt. Diese Wahlheimat sollte für die inkarnierte Seele, für den Menschen, ein Ort der Erkenntnis und Abtragung sein. Der Mensch wird an diesem Bezugspunkt vieles erleben. Diese dort auftretenden Erlebnisse und Erfahrungen können auch Anknüpfungen an Vorinkarnationen sein oder

Hinweise auf Belastung in diesem irdischen Dasein.

Seele und Mensch sind also auf der Wanderschaft. Sie sollten an dem Ort, an dem sie leben – auf der Erde oder in den Reinigungsebenen –, einiges erkennen und bereinigen, um den Magnetismus, die Negativenergie, in positive Energie umzuwandeln.

Jeder Mensch steht täglich an einem Scheideweg – für oder gegen Gott. Wir stehen bei jedem Gefühl, jeder Empfindung, jedem Gedanken, jedem Wort und jeder Handlung vor der Entscheidung: Wollen wir menschlich denken, oder wollen wir die Gebote Gottes erfüllen?

Sich für Gott zu entscheiden heißt, die Gesetze Gottes zu erfüllen. Sich gegen Gott zu entscheiden heißt, gegen die Gesetze Gottes zu wirken und sein eigenes Gesetz, das Personengesetz, zu schaffen. Jeden Tag bauen wir entweder neue Programme auf, die dann auch in beiden Computersystemen der Fallreiche registriert werden, oder wir kommunizieren mit unseren schon bestehenden Programmen. Wir selbst können es beobachten; unsere Lebensinhalte sagen es uns; sie bestehen aus unserem Fühlen, Empfinden, Denken, Sprechen und Handeln. Aufgrund dieser Programme sind wir mit dem in Kontakt, was wir in die Makrokosmen eingegeben haben; dementsprechend verhalten wir uns.

Die Kommunikation im Fallcomputersystem – das Gesetz von Saat und Ernte

Merken wir uns folgendes: So, wie jeder einzelne von uns ausstrahlt, so empfängt er. Darin besteht die Kommunikation.

Das Allkommunikationsnetz ist das ewige Gesetz, das in allem enthalten ist, auch in der Materie. Wer dieses Gesetz erfüllt, der ist frei, da er an nichts und an niemanden gebunden ist. Jeder belastete Mensch hingegen ist ein individueller Computer, denn er fühlt, empfindet, denkt und spricht gemäß seinem mitgebrachten Sendepotential, seinen selbstgeschaffenen Programmen.

Im ewigen Reich heißt es: Verbinde und sei. Auf der Materie gilt überwiegend die dämonische Umkehrung: Trenne, binde und herrsche. Das Prinzip ist immer das gleiche – Senden und Empfangen.

Unsere Welt ist das Kleinformat der beiden Fallcomputersysteme. Auch in unserer Welt muß alles aufgezeichnet, also registriert werden. Denken wir an die Buchhaltungen in den Betrieben, an die Registrierung eines Neugeborenen oder an die Aufenthaltsgenehmigung, wenn wir uns in einem anderen Land längere Zeit aufhalten wollen, und dergleichen.

Jeder Mensch ist vielfach registriert, von der Geburt bis zum Tod. Erblickt die Seele das Licht dieser Welt, das heißt, wird ein Kind geboren, dann beginnt die Registrierung: Wann geboren; wie heißt das Kind; wie heißen die Eltern; wo lebt das Kind; wo leben die Eltern? Wird das Kind erwachsen, dann treten die Fragen an den Erwachsenen heran nach dem Beruf, dem Wohnort, dem Familienstand usw. Wollen wir längere Zeit in einem anderen Land leben, dann heißt es: Von wann bis wann und warum? Die Registrierung für jeden Menschen reicht bis zum Sterben: Gestorben am ..., wann und wo? Jeder Mensch wird also vom Behördenapparat erfaßt und registriert.

Die Registratur im Kleinen deutet darauf hin, daß es auch eine große Registratur geben muß – die Buchhaltung Gottes im All. In der Buchhaltung des Ewigen, in diesem großen Computersystem, gibt es keine Fehler. In jedem Augenblick wird jeder und alles gemäß seiner Ausstrahlung gemessen, gewogen und von den entsprechenden Gestirnen erfaßt. Diese Buchhaltung, diese Registrierung, erfolgt Tag und Nacht, jeden Augenblick – bis sich alles Negative in Positives umgewandelt hat und wieder in den Kreislauf der reinen Feinstofflichkeit, in das ewige Sein, aufgenommen werden kann.

Auch die Regeneration der materiellen Naturreiche, der Mineralien, Pflanzen und Tiere erfolgt über Segmente in den Reinigungsebenen. Die Teilseelen der Tiere, die so manches Menschliche aufgenommen haben, müssen dies in bestimmten Bereichen der Reinigungsebenen ablegen. Die menschlichen Gewohnheiten der Tiere, vor allem der Haustiere, werden als Belastung den Menschen zugeordnet, nicht den Tieren.

In dem mächtigen Komplex der Reinigungsebenen und des materiellen Universums hat die Erde eine wichtige Funktion zu erfüllen; denn sie ist die Durchgangsstation für alle belasteten Seelen in Erdenkörpern.

Die beiden Makrokosmen, Reinigungsebenen und materielles Universum, strahlen – regnen gleichsam – im Verlauf bestimmter Rhythmen Gegensätzlichkeiten, also Ursachen, auf die Materie, die dann in und an den Menschen zur Wirkung kommen. Jedem Menschen wird jedoch nur sein Anteil zugeteilt – eben jene Ursachen, die er in den Computer eingegeben hat und die auch in seiner Seele liegen.

Wir können dieses Ausfließen von Ursachen mit dem Abregnen einer Wolke vergleichen, die das gespeicherte Wasser auf die Erde bringt. Das Ausfließen der Ursachen und das gleichzeitige Wiederaufnehmen des Sendepotentials von Menschen, Mineralien, Pflanzen und Tieren ist ein Kreislauf im Wirkungsbereich des Kausalcomputers. Dieser Kommunikationsweg, das Senden von der Erde her und die Rückstrahlung von den Speichersternen, ist das Gesetz von Saat und Ernte: Was wir eingeben, das empfangen wir.

Vorbild für die irdischen Computer: die kosmische Registratur

In unserer modernen Zeit hat der Mensch Computer entwickelt. Woher kommen die Kenntnisse um die Computer, die heute in fast allen Betrieben von Fachkräften bedient werden? Wie baute sich das Wissen um diese kleinen Speichersysteme auf, die viele Menschen in dieser technisierten Welt ganz selbstverständlich benützen?

Es begann schon in Vorzeiten, als die Gegensätze von reich und arm begannen. Je skrupelloser der Mensch war, desto mehr erreichte er und wurde auf Kosten seiner Nächsten reich, die sich von ihm dann auch unterjochen ließen.

Nicht viel anders ist es in der heutigen Welt. Das Sein-, Besitzen- und Habenwollen, die Gier nach Macht und Ansehen steigerten sich bis in unsere Generation, nur daß wir das heute Erreichte mit unserem Recht begründen und unsere Macht und unser Ansehen sprechen lassen.

Der Reiche nahm sich einst Sklaven, die er für sich arbeiten ließ. Ein kärgliches Essen war ihr Lohn. Die nächste Stufe waren die Bediensteten, die sich nicht viel von den Leibeigenen, den Sklaven, abhoben; auch ihnen war nur ein dürftiger Lohn beschieden. Dann gab es die Menschen, die in Lehen standen, die den Großgrundbesitzern das Land bestellten; zum Teil waren diese auch wieder Leibeigene.

Als mit der Zeit dann das Staatsgefüge entstand, das seine Abgaben verlangte, wurde eine Registratur nötig, weil sich mehr und mehr das Prinzip eines Staates aufbaute, dem Tribut zu leisten war. Um den Staatsapparat halten zu können, mußte eine entsprechende Registratur aufgebaut und geführt werden. Es hieß: Wer hat bezahlt, und wer steht noch in der Schuld? So entstanden die ersten zwei Spalten der Buchführung, das Soll und das Haben.

Durch diese Umpolung eines Teils des ewigen Gesetzes – vom ewigen Sein zum Sein-Wollen, vom göttlichen Erbe zum Besitzen-Wollen –, entstand das Soll und Haben. Diese Veräußerlichung brachte das Streben nach äußerem Reichtum mit sich. Dadurch baute sich das gegensätzliche Sende- und Empfangspotential auf, das Trennen, Binden und Herrschen.

Die Reichen und die reich werden wollten, klügelten immer präzisere Registraturen aus, um alles und alle erfassen zu können. Bei ihrem Denken halfen ihnen jene Seelen in den Stätten der Reinigung, die einen Einblick in das Computerprinzip der Fallreiche hatten. Sie spiegelten den Menschen Schritt für Schritt ein, was dieses Computersystem ist und wie es auf Erden gehandhabt werden kann.

Was von den Seelen eingespiegelt wurde, das brachten die Menschen auf den Nenner ihrer Bedürfnisse. Dadurch kristallisierte sich die Buchhaltung der Menschen mit ihren Buchhaltern heraus. Es gab das große Buchungsjournal mit seinen Einnahmen und Ausgaben, mit seinem Soll und Haben. Das erste Buchungsjournal wurde von Hand geführt. In späterer Zeit kamen dann die Addiermaschinen, die für den Buchhalter schon eine Erleichterung darstellten.

Durch die Einspiegelung aus den Seelenreichen entstand sodann mit fortschreitender Technisierung allmählich das Computersystem für diese Welt.

Ein Buchhalter, der in einem großen Unternehmen seine Kraft in den Dienst des Unternehmens stellt, ist in der heutigen, technisierten Welt mit viel Technik umgeben, denn im Laufe der Zeit entstanden aus einfachsten Betrieben und Kleinbetrieben nun Großunternehmen, die ein großes Buchungszentrum haben. Dieses Rechen-, Kontier- und Buchungssystem besteht aus Computern. Jedes Unternehmen ist daran interessiert, Menschen und Zeit zu sparen. Deshalb wird der Vorteil der Technik genützt.

Wer sich einmal mit einem solchen Netzwerk von technischen Abläufen vertraut gemacht hat, der sieht und hört, wie die Technik mit einigen wenigen Handgriffen in Gang gesetzt und gesteuert wird. Maschinen rechnen, kontieren, addieren, buchen, speichern, registrieren und bewahren die Daten in ihren Speichersystemen – z.B. auf Disketten – auf.

Wir sehen also: Was im All besteht, das wurde heruntergespiegelt, von einigen Menschen aufgenommen, für die Materie umgesetzt und in den Dienst des Besitzen-, Sein- und Habenwollens gestellt. Eines jedoch kann die Technik nicht ersetzen: die Genauigkeit und Gewissenhaftigkeit eines Buchhalters. Der Buchhalter – und nicht die Maschine – ist dafür verantwortlich, daß alle Belege auf der rechten Spalte verbucht sind, daß Soll und Haben auch stimmen. Er muß über die Kenntnisse verfügen, in welchem System und in welchem Speicher jeder Vorgang verbucht und verzeichnet wird. Der Buchhalter muß also die Maschinen beherrschen und bedienen können, denn sie bedienen sich nicht von selbst.

In früheren Zeiten genügte es, daß der Buchhalter rechnen, kontieren und das Buchungsjournal exakt führen konnte, daß er um die einzelnen Buchungsvorgänge Bescheid wußte und sie anhand des Buchungsjournals vorlegen konnte. Damals bedurfte es eines guten Blaupapiers und eines guten Buchungsstiftes. Heute, in der technisierten Welt, muß der Buchhalter über ein ganzes Buchungs- und Rechenzentrum Bescheid wissen. Ihm obliegt die Aufgabe, die Funktionen der Computer zu kennen und z.B. zu wissen, auf welchen Disketten die Buchungstexte gespeichert sind und wie er diese auch wieder zu löschen oder zu reproduzieren vermag.

Unsere Generation lebt wie selbstverständlich in der Welt der Technik. In dieser Welt gibt es für jeden technischen Bereich die Spezialisten, die uns in dem Umgang mit den hochempfindlichen Geräten und Maschinen unterweisen.

Die Makrokosmen der Reinigungsebenen und der Materie sind eine Abwandlung des All-Computers, des ewigen Gesetzes. Das ewige Gesetz ist ewig bestehend. Das Fallgesetz ist das Kausalgesetz, die Registratur alles dessen, was gegen Gott ist. Die weitere Abwandlung sind die Computer der Menschen, die nicht ohne Buchhalter und entsprechende Fachkräfte funktionieren.

Den Fall-, gleich Kausalcomputer hat der, der sein wollte wie Gott, ganz bewußt geschaffen, durch Umpolung des Göttlichen, durch das Herabziehen des Positiven ins Negative, Gegensätzliche. Mit diesem Werk des „Trenne, binde und herrsche“ haben sich die Dämonen ihre eigene Falle gestellt – und sie geraten durch ihre eigene Speicherung nach und nach selbst in diese hinein. Wer aufmerksam den Gang der Welt, die Zeichen der Zeit betrachtet, der erkennt, daß diese Falle schon dabei ist zuzuschnappen.

Auch was der Dämon auf Erden als Genialität eingeführt hat – die Abrufung aus dem Fallcomputer: die Computer der Menschen mit Buchhaltern und Fachkräften, die sie bedienen –, alles geht in die Falle; denn auch diese Errungenschaft diente und dient dem Macht- und Besitzstreben. Es wurde und wird dazu verwendet, den Menschen in das Joch der Unfreiheit zu zwingen, um ihn einst ganz zum Sklaven, zum willenlosen Werkzeug einer sogenannten neuen Weltherrschaft zu machen.

Wie in früheren Zeiten bedient sich auch heute der Mächtige dieser Welt seines Knechtes – nun des „Knechtes“ Computer –, um seine Untertanen, seine „Sklaven“, ins Joch zu zwingen, sie im Joch zu halten und sie noch mehr auszubeuten.

Der nachdenkliche Zeitgenosse fragt sich: Warum wird in unserem Staat jeder Bürger mit allen verfügbaren Daten in riesigen Computer-Speichern registriert? Warum wird mit Riesen-Computern genauestens überwacht, daß jeder Staatsbürger – auch jeder Kirchenchrist – auf den Pfennig genau alle Abgaben leistet?

In vielen Betrieben wird durch den Computer die Leistung jedes Mitarbeiters exakt und minutengenau erfaßt und im Auge behalten. Der Sklavenhalter vergangener Jahrhunderte konnte nicht bis ins Kleinste kontrollieren, was seine Untergebenen für ihn an Arbeit und Gewinn erbrachten. Der Großbesitzer heute ist jedoch in der Lage, die Leistung sowohl seines Fließbandarbeiters als auch seines Starverkäufers genau zu erfassen. Diese Kenntnisse können sodann genutzt werden – z.B. um über Verbleib oder Entlassung eines Mitarbeiters zu entscheiden.

Dies ist ein Beispiel für den sogenannten Fortschritt im Laufe der Menschheitsgeschichte.

Die Exaktheit des Fallcomputers ist die Gerechtigkeit Gottes und führt den Menschen nach dem Prinzip „Was du säst, wirst du ernten“ über die Selbsterkenntnis in die Freiheit, wenn der Mensch sein Sündhaftes bereinigt – oder in das Schicksal, wenn er weiterhin auf sein Fehlverhalten aufbaut.

Der Computer der irdischen Technik hingegen registriert die Menschen, um sie dann gemäß dem Bewußtsein und den Interessen des Großbesitzers zu ermahnen oder zu entlassen. Er ist in diesem Sinne ein Werkzeug des Trennens, Bindens und Herrschens.

Alles, was auf der Erde abläuft, registriert der Fallcomputer. Kein Mensch und keine Seele können in das All-Prinzip zu Gott, außer sie haben im Fallcomputer bis ins Kleinste ihr Gegensätzliches bereinigt. Da die Ursachen aus diesem Fall-, gleich Kausalcomputer als Wirkungen immer rascher auf die Menschen zukommen, schließt sich die Falle des Bösen. Die Seelen werden dann in den Reinigungsebenen bleiben, um dort durch Leid abzutragen, was sie als Menschen nicht erkennen und bereinigen wollten.

Einfälle, Entdeckungen, Erfindungen können Abrufungen und Steuerungen aus den jenseitigen Bereichen sein

Wer die ersten Seiten dieses Buches sorgfältig gelesen hat, dem wird bewußt, daß aus nichts nichts entstehen kann; es muß bereits etwas da sein, von dem es abgeleitet wurde oder wird. Abgeleitet wurde das Kleine, die technisierte Welt, vom Fallspeichersystem, aus dessen Aspekten die kleinen Bausteine für die Technik dieser Welt entnommen wurden, zum Beispiel für die menschliche Erfindung des Computers.

In der Seele jedes Menschen ist das Wissen um das mächtige kosmische Speichersystem vorhanden, denn die Seele selbst, der Mikrokosmos, ist der komprimierte Allcomputer im mächtigen Allcomputer ewiges Sein.

Wie kommt es zu Abrufungen aus dem System des Fallcomputers, die es Menschen ermöglichen, eine Maschine zu entwerfen und zu bauen? Scheinbar wie aus heiterem Himmel kommt in das Gehirn des Menschen ein Impuls, der jedoch von einer Kraft gelenkt oder gesteuert ist – entweder vom göttlichen Prinzip oder von Seelen aus den Astralwelten.

Wünscht sich z.B. ein Mensch, ein großer Erfinder zu werden und hat er entsprechende Anlagen dazu in seinem Genmaterial, dann wird dieses durch den Wunsch des Menschen angeregt. Die Programme, ein Teil des physischen Erbgutes, beginnen zu senden, weil der Mensch in den Speicher der Reinigungsebenen und in das materielle Speicherungssystem diese Idee, seinen Wunsch, ein großer Erfinder zu werden, eingegeben hat; der Mensch empfängt.

Dieser Impuls, gleich der Idee für eine bestimmte Erfindung, kann auch von einem Kraftfeld kommen, das er selbst in Vorexistenzen aufgebaut hat, dem der Wunsch zugrunde liegt, ein großer Erfinder zu sein. An der Erfüllung eines solchen Wunschbildes haben möglicherweise einst mehrere Menschen gearbeitet, deren Gedanken in die Speichersysteme eingingen. Auch von den Programmen dieses Sendepotentials kann der Impuls, die Idee abgerufen werden.

Es ist auch möglich, daß der Wunsch, Erfinder zu sein, von Seelen erfüllt wird, die in die Kommunikationen des Menschen sogenannte Einspritzungen vornehmen. Geschieht dies, dann verstärkt sich in ihm der Gedanke, ein Genie zu werden. Es können zum Beispiel Seelen ehemaliger Menschen sein, mit denen er in einer der Vorexistenzen bestimmte Programme ausgearbeitet hat, welche dann in seine Seele eingingen und durch das Prinzip Senden und Empfangen auch in den Kausalcomputer. In dieser Inkarnation kommt nun der Wunschimpuls sowohl von den Seelen derer, die einst seine Mitarbeiter waren, als auch aus einem dieser damals geschaffenen Kraftfelder. Zweifach wird also seine Gedankentätigkeit angeregt und in die Richtung jenes Projektes gelenkt, an dessen Durchführung ihm so sehr gelegen war.

Es gibt auch die weitere Möglichkeit, daß dieses Kraftfeld, das er einst selbst mitbestimmt hat und das ihn nun wieder bestimmen möchte, von Interessengruppen, also von Gruppen von Seelen in den Stätten der Reinigung, gesteuert wird, die ihn, den Menschen, zu ihrem Instrument machen wollen, um über ihn bestimmte Ziele zu erreichen. Über einen telepathischen Impuls wird ihm dann eingeredet, er müsse ein Genie werden.

Über das Magnetfeld seiner Wünsche wird der Mensch angesprochen, so daß er immer mehr zu denken beginnt. Er hat Einfälle über Einfälle, Vorstellungen über Vorstellungen; ein Gedanke baut sich auf den anderen auf – es wird eine ganze Kette, ein ganzes Netz von Vorstellungen.

So schafft er in seinem Gehirn mehr und mehr Bilder, also Programme – zum Beispiel, wie ein Computer entstehen kann. Die Steuerung aus dem Jenseits setzt sich fort. Einfälle über Einfälle, Details über Details – immer mehr Bilder entstehen in seiner Gedankenwelt.

Im Laufe der Zeit konstruiert er aufgrund der vielen Impulse nach und nach eine Maschine, zum Beispiel den Computer. Zuerst hat er nur Teile auf das Papier gebracht. Sie sagen ihm, wie er nun weiterbauen muß. Die bildhafte Vorstellung und das, was er schon zu Papier gebracht hat, sind die Magneten, über die Jenseitige den Menschen immer weiter anregen, zu suchen und zu forschen, diese und jene Details zu nützen und mit in sein technisches Werk einzubauen.

Es ist auch möglich, daß die jenseitigen Interessengruppen den Menschen zu wissenschaftlichen Büchern führen, aus denen er weitere Impulse für seine Erfindung, für sein Werk entnehmen kann. Auf diese Weise setzt sich Puzzleteil um Puzzleteil zusammen, so daß mit der Zeit ein Gesamtbild entsteht und daraus die Konstruktion der Maschine.

Aufgrund des Wunsches, ein großer Erfinder zu werden, erhält er aus den verschiedenen jenseitigen Quellen immer mehr und immer tiefergreifendere Impulse, also Informationen – über das Prinzip Denken und Empfangen, gleich Senden und Empfangen.

Durch solche Steuerungen entstand zum großen Teil die Welt der Technik. Was in der Unendlichkeit allumfassend und zum Wohle des Ganzen angelegt ist, wurde im Fallcomputer und über den Fallcomputer im Diesseits, in dieser Welt, mehr und mehr umgepolt, und in vielen Fällen zum Weh der Menschen geschaffen.

Auch aus dem Göttlichen können Impulse zu den Menschen kommen. Es sind hilfreiche, selbstlose Impulse für selbstlos dienende Menschen, die nicht ihre persönliche Aufwertung anstreben, sondern in der Welt Dem die Ehre geben, der die Impulse gibt. Sie sind dann zum Wohle für alle Menschen, die willens sind, Gottes Willen zu erfüllen.

Bereinigung mit Christus führt zum Freiwerden von ichbezogenen Programmen aus Vorinkarnationen

Jeder Mensch ist in der Lebensschule Erde. Jeder wird früher oder später – je nachdem, wie die Konstellationen der Gestirne zu seinen Speicherungen in der Seele stehen – angeregt, über sein Leben nachzudenken, darüber, ob dieses im Einklang mit den Zehn Geboten und der Bergpredigt steht. Kommen in diesem Leben keine solchen oder ähnlichen Impulse, dann beginnt der Kampf mit der eigenen Sünde erst in den Stätten der Reinigung – dann, wenn die Seele entkörpert ist und im Jenseits lebt.

Daraus folgt, daß ein Leben ohne Schwierigkeiten, ohne Rüttel- und Schüttelprozesse nicht unbedingt erstrebenswert ist. Denn gerade von den Disharmonien in unserem Leben gehen die Impulse aus, die uns zur Selbsterkenntnis und zur Bewältigung des Negativen anregen. Die Tage unseres Erdenlebens sind bemessen – und sie sind kostbar, denn schon an einem einzigen Tag können wir so viel bereinigen. Deshalb heißt es: Nütze die Zeit!

Erkannt und bereinigt muß alles werden, was nicht dem ewigen Gesetz, Gott, dem mächtigen Allcomputer, entspricht. Aus welchen Konstellationen, gleich Kanälen, die Impulse zur Selbsterkenntnis kommen, kann der einzelne nicht erkennen. Will er jedoch sein Sündhaftes erfahren, dann muß er sich auf seine eigene Gefühls-, Empfindungs- und Gedankenebene begeben und bereit sein, sich ehrlich anzuschauen, um sich zu erkennen und um zu bereinigen.

Ein Impuls, der uns z.B. auf unsere negativen Gedanken und eigensüchtigen Wunschbilder aufmerksam macht, kann auch über einen Schreck, der uns längere Zeit bewegt, zu uns gelangen. Durch die Erschütterung werden unter Umständen Gedanken ausgelöst, die uns zeigen, welche Bewandtnis es damit hat, daß wir erfolgreich, berühmt und reich werden wollen.

Entsteht in dieser Inkarnation der Wunsch, sich selbst zu bestätigen, sich selbst zu beweisen, Ansehen und Macht zu erringen, dann sind das Hinweise darauf, daß unter Umständen gleiche oder ähnliche Denkmodelle schon einmal vorgelegen haben, aus denen in Vorexistenzen Ursachen geschaffen wurden. Diese Ursachen werden möglicherweise heute wieder aktiviert und regen uns an, in dieser Zeitepoche an diesem Projekt weiterzubauen, das wir in Vorexistenzen begonnen haben. So tragen wir jetzt z.B. zur Weiterentwicklung einer Maschine im Diesseits bei.

Was auf telepathischem Wege zu uns kommt, sind nichts anderes als Gedanken, von denen wir glauben, es seien unsere eigenen. Um zu erfahren, ob eine gegensätzliche Beeinflussung vorliegen könnte, brauchen wir nur unseren Gedanken, unseren Wünschen und Regungen auf den Grund zu gehen. Jeder muß sich selbst prüfen, was er mit diesen Gedanken, mit seinem Vorhaben für sich erreichen möchte und ob das, was in ihm als Gedanke aufsteigt, den Zehn Geboten und der Bergpredigt entspricht.

Haben wir den Maßstab der Zehn Gebote und der Bergpredigt an unser Denken und Wollen angelegt und wollen wir uns von diesen beeinflussenden Impulsen, die über Telepathie zu uns kommen, befreien, so müssen wir uns einzig auf den christlichen Weg begeben; denn Christus ist der Weg, die Wahrheit und das Leben.

Keiner kann sich von seinem Menschlichen befreien – einzig mit und durch Christus ist das möglich. Der Weg der Umwandlung dieser negativen, sündhaften Programme in positives, göttliches Leben heißt: Bereue, bitte um Vergebung, vergib – und tue das gleiche nicht wieder.

Auch wenn wir nicht wissen, wen wir um Vergebung bitten sollen – Gott weiß um alle Dinge. Vollziehen wir diese Umpolung des menschlichen Wollens und Tuns mit dem Christus-Gottesgeist in uns, indem wir lassen, was ungöttlich ist, dann werden wir auch Vergebung und Befreiung von unseren Sünden erlangen.

Diesen Weg müssen alle gehen – Wissenschaftler, Erfinder, Theologen, Staatsmänner, Reiche und Arme; keiner ist davon ausgenommen. Jeder Mensch und jede Seele muß sich einst bewußt werden, was es heißt: Jedes Gefühl, jede Empfindung, jeder Gedanke, jedes Wort und jede Handlung sendet und empfängt.

Jeder Mensch ist ein Computer, eine Sende- und Empfangsstation und gleichzeitig ein Speicher, der alles, was von ihm ausgeht, wieder in sich speichert. Es muß also immer ein Programm, ein Gegenpol in uns vorhanden sein. Nur dann können wir aus dem Computersystem abrufen und unter Umständen an diesem Programm weiterbauen.

Wenn Programme in uns vorliegen, erkennen wir es daran, daß uns unsere Gedanken bewegen und erregen. Machen wir uns bewußt, daß keine Energie verlorengeht. Jede Eingabe, und sei es nur e i n Gedanke, den wir denken, kommt wieder auf den Absender zurück. Was der Mensch daraus macht – das liegt an seiner Gefühlswelt, denn diese ist das Tor zu der Seele, zu den dort gespeicherten Programmen und auch das Tor zu höheren oder niederen Kräften.

Die sinngemäßen Worte Jesu lauten: So wie oben, so auch unten. – Im ewigen Sein, in Gott, in den reinen Himmeln, besteht die absolute Gesetzeskommunikation der absoluten Gotteskräfte. Außerhalb des reinen Seins besteht die Kommunikation zwischen Seelen und Seelen, Seelen und Menschen und zwischen Menschen und Menschen. Was immer der einzelne an Programmen in seiner Seele trägt, was immer er also aussendet – mit gleichen oder ähnlichen Frequenzen steht er in Kommunikation.

Verarmung des Menschen an geistiger Energie durch Umpolung göttlicher Lebenskraft

Da Gott, der Ewige, Seine Kinder aus Seiner Allkraft schuf, aus Seinem strömenden Geist, dem ewigen Gesetz, so sind sie das ewige komprimierte Gesetz und somit Erben der Unendlichkeit. Sie besitzen alle Kräfte der Unendlichkeit und leben in der Fülle der Unendlichkeit, weil der Unendliche die Fülle ist.

Wer sich von der Allkraft abwendet und sein Ichgesetz schafft, der wird auch nur entsprechend seinen kleinen Gedankenabläufen empfangen. Das bedeutet für viele Menschen, daß sie früher oder später darben und im Siechtum oder in Leid und Krankheit leben werden.

Jedes Wesen, das sich von Gott trennte, bekam, wie schon beschrieben, ein Quantum positiver Lebensenergie aus der ewigen Fülle. Ihm ist geboten, dieses Quantum geliehener göttlicher Energie wieder zu Gott zurückzubringen in die Fülle, aus der es empfangen hat.

Gehen Seele und Mensch jedoch den Weg der Sünde und hat der Mensch dadurch dieses Quantum göttlicher Energie weitgehend verbraucht, dann wird er verarmen und darben. Auch Leid und Krankheit zeigen an, daß der Mensch die ihm mitgegebene positive Kraft weitgehend umgepolt hat. Wer die Warnimpulse, die dem Leid oder der Krankheit vorausgingen, oder die Warnimpulse im Leid und in der Krankheit übertönt mit Vorwürfen, der andere wäre an allem schuld, und dieselben Verhaltensweisen, die den Energieverlust herbeigeführt haben, fortsetzt, der wird im weiteren Verlauf – im Diesseits oder im Jenseits – dahinvegetieren oder in Siechtum fallen.

Haben die Gegenspieler Gottes, die Dämonen, Interesse an einem Menschen, dann werden sie alles daran setzen, ihn sich gefügig zu machen, indem sie negative Energie umschichten. Dazu entnehmen sie einen Teil vom Potential anderer Menschen und übertragen ein Quantum denen, die sie sich als Werkzeug erkoren haben. Es können z.B. Erfinder oder Wissenschaftler sein. Sie werden durch diese Zufuhr von Negativenergie in eine Lebensbahn, in eine Erhaltungsellipse, gebracht, auf der sie von ihren Ursachen nicht so rasch eingeholt werden können.

Die Dämonen schichten diese negative Energie ausschließlich auf Menschen um, die sie zu ihren Zwecken gebrauchen – gleich mißbrauchen – wollen. Solche Menschen können dann gesund bleiben und an Jahren sehr alt werden, weil sie immer wieder Negativenergie zugestrahlt bekommen, die sie vorerst von den Wirkungen ihrer eigenen Ursachen abschirmt.

Doch jede Ursache muß früher oder später getragen werden, auch jene Ursachen, die Menschen mit der von den Dämonen umgeschichteten negativen Energie schaffen, um eventuell in dieser Welt das auszuführen, was die Gegenspieler Gottes zum Erhalt ihres Territoriums benötigen. Die Umpolung dieser geliehenen Gottesenergie, die jeder Mensch selbst vornimmt, bildet das Personengesetz. Dieses Ichheitsgesetz ist das Negative, das sich jeder einzelne selbst geschaffen hat durch das satanische Prinzip des Mein und Mir, das Sein- und Habenwollen.

Ein Merkmal dafür, daß der Mensch an geistiger Energie mehr und mehr verarmt, ist die Darstellung seiner Person, das Herauskehren seines menschlichen Ichs, das Anbiedern in dem Bestreben, daß der andere ihn in seinem Denken und Können bestärkt, der Machtanspruch oder das Angesehensein-Wollen, der Erwerb von Gütern und Geld oder das Bestreben, ein großer Erfinder werden zu wollen, um Macht auszuüben, um Reichtum und Ansehen zu erwerben. Das ist das Prinzip des Mein und Mir – alles nur für mich –, das Sein- und Habenwollen.

Gott ist die Fülle, und wer in der Fülle aus Gott und in Gott lebt, der braucht auch als Mensch nicht nach der Fülle zu greifen. Wer jedoch seelisch mehr und mehr verarmt, weil er das ihm geliehene Quantum göttlicher Energie in negative Energie umpolt, der greift nach Macht, Ansehen, Reichtum und dergleichen.

Das irdische Erbe: Reichtum, Besitz – die enge, persönliche Ich-Welt. Von der Bindung zur Verbindung

Durch die Verarmung der Seele grenzt sich der Mensch zunehmend ein und wird mehr und mehr diesseitsbezogen; er sieht dann nur seine kleine Welt und sein menschliches Erbe. Wer sich vom göttlichen Erbe, der göttlichen Fülle, abwendet, der will nur für sich; er will Geld und Gut, will Besitz und besitzen, will Reichtum und Ansehen, will Grundstück und Haus, will für sich eine Frau, will für sich einen Mann. Beide wollen für sich Kinder. Jeder schafft für sich selbst seine kleine Welt und grenzt sich immer mehr ab. Dadurch weist sich der Ichbezogene aus und bekundet, in welchem Maße er geistig arm und geistig verwaist ist.

Das menschliche Erbe ist die Ausgeburt der sündhaften Gefühle, Empfindungen und Gedanken, aus denen das Mein und Mir, das Sein- und Haben-Wollen, entstand. Weil die Menschen sich mehr und mehr vom Göttlichen entfernt haben und dadurch an Geistkraft verarmen, müssen viele im Schweiße ihres Angesichtes ihr Brot oder das Brot der „Reichen" verdienen. Der „Reiche" nimmt sich seine Untertanen, gleichsam Sklaven; heute heißen sie Bedienstete.

Auf diese Weise entstanden die Unterschiede zwischen arm und reich. Der irdisch Reiche glaubt, reich zu sein, und nützt diesen Reichtum, um andere abhängig zu machen. Der persönliche Reichtum jedoch deutet auf innere Verarmung hin. Wer seinen Reichtum nicht zum Wohle seiner Nächsten einsetzt, wird früher oder später auch im Äußeren verlieren, was er für sich halten wollte.

Jeder Mensch hat jedoch die Chance, wieder im Inneren reich zu werden durch die Verwirklichung der Zehn Gebote und der Bergpredigt. Auf diese Weise polt er mit Christus das Negative, das heruntertransformierte Quantum geliehener positiver Energie, wieder um in die reine Lebensenergie, die er von Gott mitbekommen hat.

Jeder einzelne wandert wieder seinem Ursprung zu – doch wann und wie, das bestimmt jeder Mensch selbst.

Die Verarmung erkennen wir also in dem Mein und Mir, in dem Sein- und Haben-Wollen. Wie oft hören wir sinngemäß: „Dies und jenes habe ich mir mit viel Mühe erworben. Das, was ich erworben habe", zum Beispiel ein Grundstück, „zäune ich ein, auf daß der Nächste mein Erbe erkennt, jedoch nur über den Zaun blicken kann." Diese Enge, das Kleine, das nicht betreten werden darf, nennt der Mensch sein Erbe.

Durch das Sündhafte, das Mein und Mir, durch diese Verarmung, entstand das Parzellendenken. So schaffen sich viele Menschen ihre kleine Welt, ihre Parzelle. Diese nennen sie dann ihren Besitz.

Ereilt den Menschen morgen der Tod, so ist die Parzelle nicht mehr sein Besitz. Infolgedessen kann sie auch heute nicht wirklich sein Eigen sein; sie ist nur ein Scheineigentum, denn er muß es zurücklassen. Doch die Sünde, die Verarmung der Seele, das umgepolte Quantum geliehener göttlicher Energie, nimmt er mit in die Seelenreiche. Das ist sein Individualgesetz, sein Sende- und Empfangspotential. Dieses Potential seiner Sünden ist sein Bewußtseins- und Erkenntniskegel. So weit kann die Seele nun denken und sehen, und nur so weit sieht sie ihren Weg in den Reinigungsebenen.

Somit hat jeder Mensch sein Sende- und Empfangspotential, seinen Weg in den Speicher der Gestirne eingegeben. Einzig mit diesen Eingaben steht er in Kommunikation. Das ist seine kleine Welt. Was der einzelne in die Gestirne eingegeben hat, das befindet sich zum großen Teil auch in seinen Genen.

Die Gebundenheiten des Menschen sind in den Sternen geschrieben. Die Eingabe in den Kausalcomputer ist zugleich die Bindung.

Betrachten wir z.B. unser Haus als unser Eigentum, so sind wir daran gebunden. Diese Bindung nehmen wir beim Leibestod mit in die Reinigungsebenen. Sie ist in unserer Seele und im Kausalcomputer gespeichert.

Jesus von Nazareth sprach in Seiner Bergpredigt: „Was ihr auf Erden bindet, wird im Himmel gebunden sein, und was ihr auf Erden löst, wird im Himmel gelöst sein.“ Wir verstehen nun das sogenannte Binde- und Lösegebot;

es besagt: Was wir durch unser Sein- und Habenwollen binden, bleibt auf der Erde gebunden und bleibt ebenfalls als Speicherung in den Gestirnen der Fallmakrokosmen. Was wir durch Einsicht, durch Reue, durch Bitte um Vergebung, Vergebung, Wiedergutmachung und durch den festen Willen, es nicht mehr zu tun, lösen, wird sowohl auf der Erde als auch im Himmel gelöst sein.

Mit „Himmel" ist hier nicht das ewige Sein gemeint, sondern das Jenseits, das im übertragenen Sinn oft als „Himmel" bezeichnet wird. Im Himmel kann nichts gebunden sein. Es sind die Reinigungsebenen, in denen das gebunden bleibt, was die Seelen nicht loslassen. Das ist dann auch auf der Erde, in dieser Welt gebunden – jeweils in denen, die es behalten wollen, und auch in den Gestirnen, in denen ihr Sündhaftes gespeichert ist.

Was auf der Erde gebunden bleibt, das ist zugleich der Magnet, der die Seele wieder ins Diesseits zur Inkarnation zieht. Was im „Himmel", das heißt in den Reinigungsebenen, gelöst ist, ist ein Schritt auf dem Weg in die wahren, ewigen Himmel.

Daraus ergibt sich: Das Binde- und Lösegebot, das Jesus von Nazareth Seinen Nachfolgern gab, gilt nicht nur für die Apostel, die Bischöfe und Theologen, sondern für jeden – Mensch und Seele –, der ein christliches Leben führen möchte, der also die Gebote Gottes, die Ethik und

Moral der Bergpredigt, verwirklichen möchte. Es ist nicht für wenige gegeben, sondern für alle Menschen.

Das Binde- und Lösegebot ist niemals ein Auftrag zur Sündenvergebung durch Dritte, z.B. durch Priester. Christus ist unser Erlöser. Da Er, der Geist, der als Kraft und Licht in uns wohnt, die umwandelnde und erlösende Kraft unserer Seele ist, können wir das, was wir auf Erden binden, auch nur mit Christus lösen. Die Lösung kann also nicht nur durch eine sogenannte Ohrenbeichte erfolgen.

Nur wir können es lösen, denn wir haben es gebunden. Wie sollte es ein Priester lösen? Er hat als Mensch unter Menschen seine eigenen Bindungen zu erkennen und zu bereinigen, die wiederum wir nicht für ihn lösen können.

Das Lösen einer Bindung geschieht also nur durch den Hohenpriester, den Priester aller Priester – Christus in uns. Er ist der Erlöser aller Seelen und Menschen. Bereuen wir von Herzen, daß wir Bindungen geschaffen haben, so gehen wir mit dieser innigen, tiefen Reue zu Christus und werden den Weg gehen, den Er uns gewiesen hat.

Die Schritte zur Lösung sind: Wir erkennen die Bindung, wir bereuen, bitten um Vergebung, vergeben, machen wieder gut, was noch gutzumachen ist, und tun das Sündhafte nicht mehr. Statt dessen erfüllen wir mehr und mehr die Zehn Gebote und die Bergpredigt.

Wer in diesem Bewußtsein zu Christus in seinem Inneren geht, der erlangt die rechte Lossprechung durch Ihn. Die Belastung wird durch Umwandlung der Negativenergie in positive, hochschwingende Kraft entbunden. Diese tilgt die Speicherungen sowohl in der Seele als auch in den Gestirnen wie auch in den Genen und somit in jeder Zelle des physischen Körpers. So gelangen wir von der Bindung zur Verbindung mit dem Göttlichen, dem ewigen Gesetz, in uns.

Negativ denkende und handelnde Menschen – Energielieferanten für die Hierarchie der Dämonen auf dieser Erde

Durch die Speicherung des Gegensätzlichen und durch deren Rückstrahlung ummantelte sich der geistige Körper der Fallwesen. Diese Hülle, welche die Seele umschließt, nennen wir den Menschen. Der physische Leib ist eine göttliche Zulassung; er entstand ganz allmählich durch die Umpolung der geliehenen positiven Energie.

Der Weg der Seele im Menschen sollte bewußt beschritten werden als der Weg zurück zum Ursprung des reinen Wesens, zur ewigen Fülle, Gott. Die Seele ist unsterblich. Nach dem Tod des irdischen Leibes geht sie in die Reinigungsebenen, in jene Welten, die sie sich selbst zugedacht und zugesprochen hat, entsprechend dem Quantum der umgepolten positiven Energie.

In den Reinigungsebenen, die vor der Erlösertat Christi Fallreiche genannt wurden, bestehen Regionen, in welchen die nicht rückkehrwilligen Fallwesen leben und wirken, die sich über Gott stellen, die ihre Hierarchie gegründet haben, um gegen Gott vorzugehen. Es sind die Dämonen.

Diese Welt mit ihren unzähligen satanischen Einrichtungen ist ein Hauptstützpunkt der Dämonen. Mit „Welt" ist der verpolte Mensch mit seinen technischen Errungenschaften gemeint, der gegen das Gesetz Gottes handelt. Die „Welt" ist nicht der Planet Erde, sondern einzig das vom Menschen Geschaffene, welches nicht in Übereinstimmung mit den Gesetzen des Ewigen ist.

Die Hierarchie der Dämonen auf dieser Erde, in dieser Welt, wird durch die von Menschen erzeugte Negativenergie und durch die Umschichtung derselben erhalten.

Viele Menschen können aufgrund ihres gesetzwidrigen Verhaltens von Dämonen beeinflußt werden, so daß sie dann den dämonischen Willen erfüllen. Jene, die tagtäglich negativ fühlen, denken, sprechen und handeln, die also immer mehr ihr positives Potential in negative Energie umpolen, sind die Energielieferanten der Dämonen. Von vielen dieser Energiequellen entnehmen sie immer wieder Negativenergie, welche sie entsprechend ihren Plänen einsetzen, zum Beispiel für wissenschaftliche Erfindungen, zur Entwicklung der Gentechnologie und dergleichen.

Dämonische Steuerung des Menschen gemäß seinem negativen Genmaterial: Telepathie, Umsetzung, Besetzung

Das Bestreben der Dämonen ist, ihre Hierarchie zu erhalten und weiter auszubauen. Mit der umgepolten – dann also dämonischen Energie – beeinflussen und steuern sie jene Menschen, die für sie wirken und arbeiten, nach dem Prinzip: Sende negativ, und du empfängst dämonisch. Die Steuerung erfolgt ausschließlich entsprechend den menschlichen Anlagen, dem Genmaterial, dem physischen Erbe des einzelnen.

Ihr derzeitiges Negativpotential kann die Seele schon aus Vorexistenzen mitgebracht haben, dann, wenn dieses weder als Mensch noch als Seele bereinigt wurde. Das Erbmaterial besteht aus den Genbausteinen, die das in sich tragen, was von den Eltern und den Vorfahren vererbt wurde.

Wer kann zum Beispiel der Vorfahre sein? Eventuell dieselbe Seele im heutigen Menschen, die einst in einer anderen Generation als Mensch gelebt hat. Heute ist jener Mensch in der Ahnenreihe der Vorfahre des heutigen Menschen. Wir können also unser eigener Nachfahre werden und unser eigener Ahnherr sein.

Was die Seele trägt, tragen auch die Gene. Die Seele, gleich die Gene, drängen zum Beispiel den heutigen Menschen, der im Stammbaum der Familie der Vorfahre war, ein Erfinder zu werden, weil er schon in einem Vorleben an einer Erfindung gearbeitet hat. Das Erbmaterial der Eltern und der Vorfahren ist ein Teil des Erbgutes des Neugeborenen, denn das Gesetz heißt: Gleiches zieht Gleiches an.

So ziehen immer wieder Bausteine der Erbanlagen der Menschen jene Seele an, welche ihren Wesenszügen, also bestimmten Bausteinen ihrer Erbanlagen, entspricht. Aufgrund des Gesetzes „Gleiches zieht zu Gleichem" – und durch die Abtragung mit gleich oder ähnlich Belasteten – kommen immer wieder dieselben Seelen zusammen, nur in anderen Menschenkörpern, um das zu bereinigen, was sie verursacht haben.

Die Seelenreiche sind Abtragungsstätten, in denen alle Gefühle, alle Empfindungen und alle Gedanken, die einst die Seele im Erdenkleid gefühlt, empfunden und gedacht hat und vom Menschen nicht bereinigt wurden, offenbar werden. Nichts ist dort verborgen, weil die Seele vom Beginn ihrer Entkörperung an in dem Zyklus der Abtragung steht.

Die verkörperte Seele, der Mensch, hingegen, lebt noch auf der Abtragungs- und Bewährungsstätte Erde. Die Bewährung auf der Erde besteht nur so lange noch, wie die Rückführung der Seelen von der Erde aus möglich ist. Dem Menschen ist vieles verborgen, weil er seine Gedanken verbirgt und Gleiches immer wieder Gleiches hervorruft. Das Verborgene, oft mit dem beschönigenden Wort „Geheimnis" belegt, ist nichts anderes als das Sündhafte, Böse, das wir aus gutem Grund verstecken, weil wir uns dessen schämen müßten und entsprechende Reaktionen unserer Mitmenschen hervorrufen würden. Nach unserem Leibestod ist all dies offenbar.

Während des Erdenlebens sind die Vorinkarnationen der Seele des Menschen abgedeckt, weil die Tagesenergie, die ein Teil seiner Fallenergie ist, ihm die Situationen und Ereignisse aufzeigt, die er heute bereinigen soll.

Dem Menschen sind die Ursachen, die in den tieferen Schichten seines Unterbewußtseins liegen, verborgen – nur deren Wirkungen werden sichtbar. So, wie in der Frucht des Baumes der Baum verborgen ist, so liegt auch in den Ursachen des Menschen die Wirkung, die dann offenbar wird, wenn die Gestirne die Saat anregen. Deshalb ist dem Menschen der Tag gegeben, und für jeden ist dieser Tag *sein* Tag; denn jeder Tag zeigt jedem bestimmte Aspekte seiner Ursachen auf, die er heute bereinigen sollte, um die Wirkungen nicht erleben zu müssen.

Der Mensch hat auf der Erde die Chance, das wiedergutzumachen, was er verursacht hat. Dabei muß er auf seinen Nächsten nicht zugehen und mit Worten und Gesten das bereinigen, was er ihm in Gedanken zugesprochen und angetan hat. Auf Erden kann er es im Stillen wiederum über seine Gedanken tun, indem er über Christus mit der Seele seines Nächsten in Verbindung tritt und bereinigt.

In den Stätten der Reinigung hingegen sind die Gefühle, Empfindungen und Gedanken offenbar. Dort heißt es, mit der Seele des Nächsten das zu bereinigen, was auf Erden im Geheimen geschah, denn im Jenseits wird der verborgene Gedanke sichtbar. Dann ist nur noch Abtragen möglich.

Eine Seele kann als Seele zur Erde, um unter den Menschen zu verweilen. Die Folge ist, daß Seelen Menschen besetzen können, wenn ihr Bewußtseinsstand dem Bewußtseinsstand der Seele gleicht. Ein Mensch jedoch kann nicht in die Seelenreiche, um unter den Seelen zu sein. Menschen können nicht Seelen besetzen, weil diese für sie unsichtbar sind; der Mensch hingegen ist für die Seele sichtbar.

Die Gegensatzwesen in ihren dämonischen Bereichen stehen noch nicht in der Abtragung, da sie von der Negativenergie der Menschen leben. Die Dämonen können – wie die Seelen – zur Erde, weil ihr Körper einen feineren Aggregatzustand hat. Diese feinere Substanz, aus der auch die Seelenkörper bestehen, kann sich einer menschlichen Hülle bedienen – dann, wenn diese im gleichen oder ähnlichen Bewußtseinsstand steht wie die Fallwesen mit den feineren Strukturen.

Sich eines menschlichen Körpers zu bedienen heißt, ihn zu umsetzen oder zu besetzen. Dabei wird die Seele des Menschen in das Abseits gedrängt. Auf diese Weise können auch Interessengruppen von Seelen, zum Beispiel ehemalige Ärzte oder ehemalige Wissenschaftler, die einst als Menschen ein bestimmtes wissenschaftliches Projekt begonnen und nicht zu Ende geführt haben, über das Erbgut auf Menschen Einfluß nehmen. Ihr Ziel ist es, sie zu jenen Taten zu veranlassen, welche die Interessengruppen der Seelen auf Erden nicht mehr durchführen konnten – entweder weil ihnen hierfür keine Möglichkeit geboten wurde oder weil die Technik noch nicht genügend fortgeschritten war.

Von unserer Motivation, unserem Sende- und Empfangspotential, hängt es ab, ob wir die Voraussetzungen dafür bieten, telepathisch empfangen zu können oder besetzt oder umsetzt zu werden. Unser eigenes Sendepotential, also unser Bewußtseinsstand, ist dafür ausschlaggebend, ob wir beeinflußbar sind.

Ist der Mensch machthungrig, giert er nach Ansehen und Reichtum, dann wird seine Motivation nicht die Erfüllung des Willens Gottes sein, sondern er wird sich selbst einen Dienst erweisen wollen, um das zu erreichen, wonach er sinnt und strebt. Hat er Chromosomen eines Erfinders in sich, deren Anlagen nur Macht und

Ansehen bergen, dann wird es ihm gleichgültig sein, ob durch eine Technologie, die er entwikkelt, die Erde ausgebeutet wird und ob das Erdmagnetfeld, der Erddynamo, dadurch gestört wird.

Viele sagen: Der Zweck heiligt die Mittel. Blicken wir in unsere Gefühls- und Empfindungswelt, schauen wir uns genauer an, dann werden wir uns selbst erkennen und erfahren, was wir bezwecken wollen. Jeder von uns muß sich täglich die Frage stellen: Will ich von Gott geführt oder will ich von Seelen gesteuert, umsetzt oder besetzt werden?

Mit welchen Sendebereichen wir in Verbindung stehen, das sagt unser Leben aus, unser Fühlen, Denken, Sprechen und Wollen. Jeder von uns wird einst gewogen, gemessen und entsprechend befunden, spätestens als Seele in den Stätten der Reinigung. Keiner kann dem Speichersystem entschlüpfen; jeder ist registriert, und jeder muß für sein Fühlen, Denken, Reden und Tun Rechenschaft ablegen – nach dem Gesetz von Ursache und Wirkung vor dem mächtigen, ewigen Gesetz, Gott.

Aufbau sogenannter Errungenschaften des technischen Fortschritts über Generationen

Wir können auch nicht sagen: Vergessen bleibt vergessen. Die Annahme, dadurch, daß „Gras über eine Angelegenheit wächst", würde der Zündstoff des Menschlichen, der darin liegt, schwinden und allmählich vergehen, ist irrig. Eingaben können Millionen Jahre und noch länger bestehen. In der Buchhaltung Gottes wird nur das gelöscht und umgewandelt, was von dem einzelnen bereinigt ist. Es können noch Eingaben aus dem Beginn der Verdichtung der Materie abgerufen werden, dann, wenn im Genmaterial ein Teil dieser alten Eingaben plötzlich aktiv wird.

Erkenntnisse und Technologien, auch technische Errungenschaften der alten Zeit können über aktivierte Gene wieder im Speichersystem der beiden kausalen Makrokosmen abgerufen werden, um dann aufgrund dieser Erkenntnisse weiter zu forschen und weiteres zu konstruieren. Auf diese Weise potenziert sich nicht nur das Wissen, sondern es verbessert sich auch die Technik. Sind diese Technologien, wie zum Beispiel die Genmanipulation, ungesetzmäßig, dann haben auch die Dämonen ihren Anteil daran, denn sie wollen ihr Territorium, die Erde, auf ihren Nenner bringen.

Vieles kommt also über Abrufung und Telepathie zu uns Menschen, und vieles ist dämonisch, kann also aus den Quellen der Dämonen kommen. Menschen, die in ihrem Genmaterial Speicherungen von wissenschaftlichen Erfahrungen und Erkenntnissen haben, können über Generationen hinweg – denn die Seelen kommen immer wieder – jeweils nur Teilwissen abrufen. Diese Teile fügen sich jedoch im Laufe der Generationen wie ein Puzzle zusammen und ergeben mit der Zeit ein Ganzes. Dann erfolgt in einer Generation die sogenannte geniale Erfindung: Menschen konstruieren ausgeklügelte Maschinen, z.B. einen gut funktionierenden Computer, dessen Bauplan aus dem Prinzip des Kausalcomputers, wo alle Regungen der Menschen und alle Bewegungen in den Naturreichen gespeichert sind, entlehnt wurde.

Lange wurde Atomforschung betrieben. Dann kam die Zeit, in der das Atom gespalten und aufbereitet wurde. Immer wieder gehen dieselben Seelen ins Erdenkleid und bauen an ihren Forschungen oder Erfindungen weiter, bis die menschliche sogenannte geniale Leistung, z.B. das Atomkraftwerk, entstanden ist.

Auf diese Weise baute sich auch über wenige Generationen hinweg die Genforschung auf, bis schließlich einige Wissenschaftler das Puzzle der Genmanipulation erstellt haben.

Alles, was gegen die Naturgesetze ist – z.B. Tierversuche, Genmanipulationen, atomare Spaltung und weiteres mehr –, ist gegen die ewigen Gesetze Gottes. Was gegen das Allgesetz, Gott, ist, das ist satanisch und kommt als Wirkung wieder auf die Menschen zurück. Durch die vielen Ausschreitungen, wodurch die Erde selbst und alles, was auf der Erde ist, malträtiert wurde, leidet nun die Erde an den Ursachen der Menschen, und die Menschen leiden an ihren selbstgeschaffenen Ursachen.

Der Blick in unsere Zeit sagt uns: Diese Welt geht dem Abgrund entgegen. Die Menschheit hat es darauf angelegt, alle geliehenen Gottesenergien in Negativenergien umzupolen. Durch diese Umkehrung von der positiven zur Negativenergie entstanden auch Flugzeuge, Fahrzeuge, Satelliten, Raumgleiter und vieles mehr.

Obwohl die Welt schon am Abgrund steht, wird immer noch in den Laboratorien gedacht, erforscht und in den Betrieben der Welt erprobt und geschaffen – alles mit der Negativenergie, die letzten Endes die Menschheit zu Fall bringen wird.

Der Endspurt ist angezeigt. Was in Vorgenerationen schon erprobt wurde, das wird vielfach aus den Gestirnen wieder abgerufen, darüber weiter gedacht, also weiter geforscht und weiter ausgebaut. Ob wir die ganze Gehirnakrobatik menschlichen Ichs noch verwirklichen können, das steht wiederum in den beiden fallbedingten Makrokosmen.

Der Wahn des Menschen, selbst Schöpfer und Gott zu sein

Viele Menschen, gerade unsere Wissenschaftler, glauben, ihnen seien keine Grenzen gesetzt. Viele Menschen fühlen sich über Gott erhaben und sind der Ansicht, alles sei machbar und durchführbar. Hierbei denke ich an den neuerlichen Sündenfall, die Manipulation des menschlichen Erbgutes. Die „Genialität“ des menschlichen Ichs will sogar einen neuen Menschen schaffen und auch eine neue Natur. Das heißt letzten Endes: eine neue Welt, weil die alte nicht mehr existenzfähig ist. Die Einflußnahme auf die Gene ist als Mittel erkoren, um dies zu erreichen. So streben viele danach, vor allem Regierende und Wissenschaftler, eine neue Ordnung zu schaffen nach dem dämonischen Prinzip: Trenne, binde und herrsche; versklave die Menschen, und mache die Erde auf grausame Weise untertan.

In dieser hochtechnisierten Welt glauben viele, die Größten zu sein. Die Skrupellosigkeit kennt keine Grenzen mehr; jeder rafft und giert, und der sich durchsetzt, ergreift die Macht und herrscht über ganze Völker; und wer am Ruder sitzt, macht das Volk zu arbeitsamen, zahlenden Sklaven, die auch noch die tollsten Tollheiten bezahlen, zum Beispiel die Gentechnik. Auf diese Weise lassen sich ganze Völker manipulieren, das heißt, immer mehr versklaven.

Der Mensch hat das Leben der Menschen und der Erde zerstört; denn alle und alles ist erkrankt infolge der Wirkungen des menschlichen Ichs, des Besitzen-, Sein- und Habenwollens. Durch die Anwendung der Gentechnologie glaubt der Mensch, jetzt selbst Schöpfer und Gott sein zu können, indem er Machthungrigen die Zügel für sein Leben überläßt. Er läßt sich also durch Manipulatoren bestimmen.

Den Machthungrigen dieser Welt, den Manipulatoren, ist es deshalb möglich, die Völker zu steuern, weil jeder Mensch letzten Endes mit seinem Ich hoch hinaus will, um so viel, wie es möglich ist, für sein Persönliches zu erringen. Weil jeder seine Habe retten oder seinen Besitz vermehren möchte, kann er manipuliert und zum Beispiel zu Kriegen animiert werden. Jeder Krieg bringt Zerstörung, Plünderungen, Totschlag, Mord, Ausbeutung, Versklavung und vieles mehr.

Da jeder nur mit seinem Ich bestimmen und daraus Gewinn schöpfen möchte, gibt auch jeder seine Ursachen, sein niederes Ich, in das Computersystem ein. Das bedeutet, daß das Genmaterial des Menschen immer schlechter wird, denn die Ursachen wirken sich am Körper aus. Das hat auch der Dämon erkannt und will nun einen neuen Menschen schaffen mit einem neuen Genmaterial, das seinen Vorstellungen entspricht. In diesen neu gestalteten Genen wird auch ein Baustein sein, der den Menschen gefügig und zum friedlichen Sklaven macht, der das ausführt, was der Machthungrige – letztlich: der Dämon – wünscht.

Der Göttergeist, der ichbezogene Mensch, will also einen neuen Himmel, eine neue Erde und friedvolle Menschen – allerdings solche, die das tun, was der Dämon will. Damit versucht er, die Aussage des Ewigen umzupolen: ein neuer Himmel und eine neue Erde. Der Dämon spricht: „Durch Genmanipulationen schaffe ich eine neue Erde und einen neuen Himmel." Denn so, wie dann die manipulierten Sklaven denken und sich verhalten, so könnte wieder ein neuer Kausalcomputer entstehen, also ein neuer Himmel, ein „Himmel" der Dämonen.

Der Mensch selbst führt das Ende dieser Welt herbei

Gott läßt Seiner nicht spotten. Alle diese dämonischen Auswüsche werden sich auswachsen bis zum Exzeß; denn jeder Mensch, jede Seele muß früher oder später erkennen, wem er gedient hat und wer er war – auch jeder Dämon.

Gott, der Ewige, hat Seinen Menschenkindern positive Energie geliehen, sie ihnen jedoch nicht überlassen. Was aus dem Gesetz kam, wird dem Gesetz wieder zufließen.

Nun ist die Zeit angebrochen, wo kaum mehr etwas in Gang gebracht werden kann, weil die Antriebskraft, die positive Energie, fehlt, da diese geliehene Energie weitgehend erschöpft, das heißt ins Negative umgepolt ist. Das bedeutet, daß die Filmspule des menschlichen Ichs, die Vergeudung der Energie, zurückgespult wird. Jeder, ob Mensch, ob Seele, muß seinen Lebensfilm betrachten.

Die Welt ist im Zusammenbrechen, weil ihr Gefüge nicht mehr hält. Krankheiten, Seuchen, Siechtum und Hunger raffen die Menschen hinweg. Die zerstörte Ozonschicht der Erde, die ultraviolette Strahlung, die verunreinigten Flüsse, Seen und Meere, die verminderte Qualität der Nahrung, die kaum mehr die notwendigen Nährstoffe, das heißt Lebenskraft, enthält, tragen dazu bei, daß der Mensch in Kürze auf dieser Erde nicht mehr zu existieren vermag.

Der Dämon hat nur noch die Möglichkeit, negative Energie von da nach dort zu transferieren, sie also von da nach dort zu verlagern, so daß manchen Menschen immer wieder etwas gelingt, wodurch dann viele Menschen wieder Hoffnung schöpfen, daß es so, wie es ist, weitergehen würde oder gar besser werden könnte.

Dieses Umschichten von Energie ist jedoch auch nur begrenzt möglich. Es wird dann nicht mehr so weitergehen, wenn auf die Ursachen, welche die Menschen gesetzt haben und setzen, immer rascher die Wirkungen kommen. Dann werden noch mehr Menschen unter ihren Wirkungen leiden, einschließlich jener, die das Weltenschiff durch immer mehr verschärfte irdische Gesetze und durch Manipulationen mancherlei Art auf Kurs halten wollen.

Wer leidet und dahinsiecht, hat kaum mehr Antriebskraft, etwas zu bestimmen oder zu erforschen, denn nun ist er der Gefangene seiner wirksam gewordenen Ursachen.

Obwohl in dieser Welt alles drunter und drüber geht, sind viele Dämonen und viele Seelen und Menschen – allen voran Wissenschaftler und in ihrem Gefolge auch Theologen und Regierende – immer noch der Ansicht, Gott besiegt zu haben, weil Gott in das Fallgeschehen nicht eingreift und diesem Treiben kein Ende setzt. Gott setzt diesem menschlichen Tun kein Ende. Der Mensch selbst wird das vollbringen, weil jeder selbst sein Ende und das Ende dieser Welt in das Computersystem des Gesetzes von Ursache und Wirkung eingegeben hat.

Die Verdichtung der Fallwesen zum Menschen erfolgte vom Haupte her. Das Gehirn – Ballungszentrum von Fallprogrammen

Ein großer Teil der Menschheit lebt heute noch traumwandlerisch – in der Vorstellung, die Götter dieser Welt, die „Großen", vermögen alles. Viele dieser „Götter" und der Götter Gönner sind heute noch der Ansicht, durch das Prinzip des Trennens, Bindens und Herrschens ihre Macht, ihr Ansehen und ihren Einfluß vergrößern zu können. Für viele sind die Speicherplaneten des materiellen Kosmos *ihre* Planeten, die sie erforschen und malträtieren können. Der göttliche Lebensodem ist für viele *ihr* Atem, *ihr* Leben.

Eine andere Kategorie von Menschen ist der Ansicht, Gott existiere nicht, oder, sofern es einen Gott gäbe, wäre Er ein Schwächling, weil Er alles über sich ergehen läßt.

Die meisten Menschen vermögen nicht zu erkennen, daß durch das Prinzip Senden und Empfangen – gleich Ursache und Wirkung – diese Welt aus den Fugen gerät. Das menschlich-dämonische Machtgefüge heißt also: „Trenne, binde und herrsche"; das ist die Kampfansage gegen Gott.

Um die Irrealität, den Fall, verstehen zu können, müssen wir immer wieder von der Realität, dem ewigen Sein, ausgehen.

Gott greift nicht in den Sturz dieser Welt ein. Der Mensch, jeder einzelne, muß umkehren und die Negativenergie mit der Hilfe Christi umwandeln zur positiven Energie. Das ist nur möglich durch die Verwirklichung des göttlichen Prinzips, des ewigen Gesetzes, das Gleichheit, Freiheit, Einheit und Brüderlichkeit beinhaltet. Jeder ist jedem gleichgestellt. Jeder ist für alles, was er empfindet, denkt, spricht und tut, selbst verantwortlich. Wer diese Gesetzmäßigkeiten nicht annimmt, der zerstreut und vernichtet, weil er ein Zerstörer ist. Er wirkt destruktiv auf sein eigenes Leben ein.

Wie lange der Kampf gegen Gott noch währen wird, läßt sich in Jahren nicht ausdrücken. Er begann schon in den Himmeln – durch den Fall. Ihm zufolge entstanden, wie wir wissen, aus einem Teil des feinstofflichen ewigen Seins die sich immer mehr verdichtenden, also gröber werdenden Fallreiche, bis hin zur gröbsten Struktur, der Materie mit ihrer Erde.

So, wie der Fall entstand, bis hin zur Materie, so wird es wieder zurückgehen – von der Materie in das Feinstoffliche, in das Reine, in das ewige Sein. Die bei uns heute bekannten Supernovas zeigen auf, wie der Fall ablief: Aus Supernovas entstanden über Turbulenzen die gesamten Sonnensysteme der beiden Makrokosmen, die mit der Zeit zu Wohnplaneten der Fallwesen, einschließlich der Menschen, wurden. Im gleichen Maße, wie sich die Struktur der Fallwesen zum Groben hin veränderte, verdichtete sich auch die Struktur der Teilplaneten, der Fallsysteme.

Die Verdichtung der Fallwesen bis hin zum menschlichen Körper erfolgte vom Haupt her. Im Kopf entstanden die ersten Ballungszentren von Fallprogrammen; heute wird dieses Ballungszentrum das Gehirn des Menschen genannt. Von diesem Zentrum, dem entstehenden Gehirn, aus begann der feinstoffliche Leib gröber zu werden. Aus einigen geistigen Partikeln wurde die Zellstruktur, und über diese bauten sich die Organe des menschlichen Körpers auf.

In dem Maße, wie sich der physische Körper bildete, faltete sich auch der geistige Leib, das heißt, seine Partikel schachtelten sich ineinander. Das Gehirn des werdenden Menschen war anfänglich sehr primitiv. Das Wesen, das sich durch sein Fehlverhalten zum werdenden Menschen heruntertransformierte, konnte noch nicht erfassen, was mit ihm geschah.

Heute noch kann gesagt werden: Der Mensch ist das Gehirn, denn so, wie er fühlt, empfindet, denkt, spricht und handelt, so reagiert er, und so ist auch die Beschaffenheit seines Körpers.

Viele Menschen sind auf die Leistungen ihres Gehirns stolz, auf ihren Intellekt. Gerade durch das sogenannte „Hirnen" wurde und wird in dieser Welt viel Unheil angerichtet. Der Mensch, dessen Denken und Leben sich heute noch im Bereich seines Intellektes, der Speicherungen in seinem Gehirn, abspielt, erfaßt noch nicht, daß er durch das Fallgesetz, Saat und Ernte genannt, sich selbst zerstört.

Der Mensch ist durch seine Ichprogramme ein umgepoltes, programmiertes Wesen. Diesen ganzen Komplex Mensch nenne ich Dichte, die aus der heruntertransformierten Gottesenergie entstand, welche nun wieder umgepolt werden muß, von der Negativenergie zur Gottesenergie.

Jedem wird einst seine Schicksalsspule, die einer Filmspule gleicht, zurückgespult werden. Jeder wird sich selbst gleichsam als Schauspieler betrachten müssen, der in jedem Lebensbild seine eigene Rolle spielt. Die Bilder, in denen er selbst der Hauptakteur ist, bestehen – so, wie auch er, der Mensch selbst – aus seinen Gefühlen, Empfindungen, Gedanken, Worten und Handlungen, aus seinen Leidenschaften und Sehnsüchten.

Das Verdichtete, Verpolte, bedarf wieder der gesetzmäßigen Polung, der Umstrukturierung vom Menschlichen zum Göttlichen. Der Weg, um wieder die Göttlichkeit zu erlangen, ist für jeden derselbe; ob arm oder reich, ob groß oder klein, ob hoch oder nieder – jeder wird ihn gehen. Er beinhaltet tiefe Reue, die Bitte um Vergebung, die Vergebung, Wiedergutmachung, soweit dies noch möglich ist, und das Sündhafte nicht mehr zu tun.

Auf diesem Weg steht uns der Christus Gottes zur Seite, der Erlösergeist. Einzig durch Ihn finden wir über die Rückspulung unserer menschlichen Ichspule, unserer Filmspule, und deren Auflösung wieder zurück in unser Vaterhaus.

Wir brauchen Gott nicht in der Ferne zu suchen – die allgegenwärtige Kraft, Gott, ist überall; sie ist in jedem geistigen Partikel unserer Seele, in jeder Zelle unseres Leibes, in allem, was wir sehen. Gott ist also gegenwärtiges Leben.

Da Gott in allem, auch im Verdichteten, Verpolten, Heruntertransformierten, der Kern positiver Lebenskraft ist, wächst das neue, positive Leben aus dem Negativen heraus – durch Christus, die Schub- und Antriebskraft, die umwandelnde und erlösende Energie.

Die Abwendung der Fallwesen von Gott schuf die Bedingungen des irdischen Lebens

Gott, das ewige Gesetz, dient allen reinen Wesen und hilft allen Seelen und Menschen, die sich dem Ewigen, Gott, zuwenden. Wer sich jedoch von Gott abwendet in dem Glauben, er wäre selbst ein Gott, der alles vermag, der wird früher oder später – dann, wenn seine Ursachen zur Wirkung kommen – im Schweiße seines Angesichts sein Brot verdienen müssen.

Das Wesen im reinen Sein, das im Gesetzesstrom Gottes lebt, wirkt schöpferisch im Willen Gottes, des Gesetzes. Sein Willensimpuls ist das schöpferische Es Werde, mit dem es zur Ausgestaltung der himmlischen Welten beiträgt, im Dienste des großen Schöpfergeistes, des ewigen Vaters, dessen Kraft alles hervorbringt.

Der Genius menschlichen Ichs glaubt immer noch, er wäre schöpferisch, da er wie Gott sein will: schöpfender Geist, der auf dieser Erde alles vermag – zum Wohle seines menschlichen Ichs, nicht jedoch zum Wohle der Menschheit.

Dieser Täuschung unterlagen auch die Fallwesen und die werdenden Menschen. Sie glaubten, so wie im Himmel auch in den Fallwelten schöpfen und gestalten zu können – ganz nach ihrem Willen. Ganz allmählich erst wurde ihnen bewußt, daß sie ihren Lebensunterhalt, ihr Brot, nun verdienen mußten.

In gleicher Weise wird auch dem Genius menschlichen Ichs bewußt werden müssen, daß er weder schöpferisch noch gestaltend sein kann; denn die Leihgabe Gottes, die positive Energie, ist weitgehend ausgeschöpft, und mit der Negativenergie kann nur noch bedingt gestaltet werden. Dann ist es vorbei mit dem, was sich auf Erden in Milliarden von Jahren aufgebaut, gleichsam aufgeschaukelt hat – die Hybris eines gottfernen Menschentums, das meint, das heilige göttliche gebende Prinzip in den Dienst dämonisch-menschlicher Ichbezogenheit zu stellen.

Die derzeitige Generation denkt nicht viel anders als die ersten Fallwesen. Auch sie will besitzen und haben und ist sich der ihr innewohnenden Energie, der Kraft Gottes, nicht bewußt.

Die ersten Fallwesen mußten erkennen, daß ihr Schöpferisches und Gestaltendes nichts Bleibendes und Fruchtbares mehr hervorbringen konnte, weil sie sich vom Absoluten Gesetz, der dienenden und selbstlosen Liebe, abgewandt hatten.

Die Fallwesen, die nach und nach in die dichte Struktur übergingen, die wir heute Materie nennen, spürten plötzlich, was Hunger bedeutet. Ihr werdender materieller Körper bedurfte der Zufuhr einer dichteren Energie. Sie begannen ganz allmählich, zu jagen und Ackerbau zu betreiben. Sie jagten, weil sie sich selbst gejagt hatten – nämlich aus dem Paradies. Der Hunger trieb sie zum Beutefang. Zugleich begannen sie, die Kräuter der Erde zu essen; später bauten sie diese an, um Nahrung für ihren physischen Leib zu haben.

Es sei noch einmal gesagt: Gott sorgt für Seine reinen Kinder. Wer sich vom Gesetz der Reinheit abwendet, wer sein persönliches Gesetz, das Fallgesetz, schafft, der muß für sich selbst sorgen. Der immer dichter werdende Körper benötigte immer mehr Energie, und der nun dichte Körper Mensch kann davon nicht genug haben.

Weil der Mensch sich von der Energiequelle des Lebens, Gott, abgewandt hatte und heute noch abwendet, suchte und sucht er seinen immer größer werdenden Bedarf an Energie zu decken, wo immer es ihm möglich erschien und erscheint. Er nahm und nimmt sich bedenkenlos, was ihm in den Sinn kam und kommt, raffte und rafft, raubte und raubt, beutete und beutet aus.

So ist es in unzähligen Zeiträumen zu dem gekommen, was wir heute erkennen und am eigenen Leib erleben müssen: eine verunreinigte und geschändete Erde, vergiftete Flüsse, Seen und Meere, eine zerstörte Ozonschicht und eine nährstoffarme Nahrung. Die Folge sind Hunger, Seuchen, Nöte, Krankheiten, Schicksalsschläge und vieles mehr.

Da nun das Genmaterial der Menschen, der Tiere und der Pflanzen unter den Ursachen des menschlichen Ichs leidet, das heißt das Genmaterial weitgehend degeneriert ist, will der Mensch nun erneut schöpferisch werden, indem er glaubt, mit dem Zeitgeist einen neuen Himmel und eine neue Erde schaffen zu können – durch Veränderung des Genmaterials.

Der Mensch zerstört sich selbst und seine Umwelt. Das Maß ist voll. Nun gilt: Entweder – oder

Gott, der Ewige, hat im ewigen Sein das Leben so angeordnet, daß alles miteinander in Kommunikation steht. Die Naturreiche können nicht ohne die Geistwesen sein und die Geistwesen nicht ohne die Naturreiche. Es ist ein großes Ganzes, das die Einheit Gottes bildet, ein Zusammenwirken und Ineinanderfließen der Kräfte.

Gleiches gilt für den Menschen. Der Mensch, der ein Naturkörper ist, kann nicht ohne die Natur leben, und die Natur braucht wiederum den Menschen; denn wie im reinen Sein die Geistwesen im Gesetz Gottes wirken, so sollte auch auf Erden durch die Kinder Gottes, die Menschen, das Gesetz, der Geist Gottes, wirksam werden, das schöpferische, das gestaltende und das erhaltende Prinzip. Alles ist ein großes Ganzes, ein mächtiges Kommunikationsnetz, ein Weben und Flechten in der großen Einheit, Gott.

Wer gegen diese Einheit, dieses mächtige Kommunikationsnetz, verstößt, der wird unter seinen Ursachen zu leiden haben und wird auch mit der Zeit verarmen. Weil der nimmersatte Mensch immer mehr erreichen, immer besser leben möchte, griff und greift er in das große kosmische Kommunikationsnetz Gott ein, in die den Fallwesen mitgegebenen reinen Energien, in das harmonische Weben und Flechten, das vom mächtigen Geist, Gott, ausgeht, der alles in Seinen Händen hält und auch in Seinen Händen behält.

Der unwissende Mensch wurde zum Kannibalen. Er jagt die Tiere, tötet und verzehrt sie. Der unwissende Mensch quält auch die Tiere und zerstört die Natur. Auf diesem Wege fällt er immer mehr in die geistige Umnachtung – die Enge des menschlichen Egoismus – und in die innere Verarmung.

Auf diesem abschüssigen Wege befindet sich die gesamte Menschheit. Der Rettungsanker soll nun die Genmanipulation sein. Götter wollen sich *ihren* neuen Himmel und *ihre* neue Erde schaffen. Doch Gott, der Einzige, Ewige, behält das geistige Werk in Seinen Händen. Die Dichte wird vergehen. Der Mensch zerstört sich selbst; das niedere Menschliche, alles, was durch Zuwiderhandlung gegen das Gesetz der reinen, selbstlosen Liebe entstanden ist, zerbricht und wird umgewandelt.

Die Gottesgesetze werden wieder das aufbauen, was war und in Gott ist: den neuen Himmel und die neue Erde – mit einem neuen Menschengeschlecht, das die ewigen Gesetze lebt.

Gott gab also Seinen abtrünnigen Kindern auch die Naturreiche, die sich dann im Verlaufe des Fallgeschehens mit den Fallwesen verdichteten. Die Natur und die Früchte der Felder, Wiesen und Wälder sollten dem werdenden Menschen und in späterer Zeit den Menschen zur Freude und zur Kommunikation und auch als Nahrung dienen.

Wem nicht bewußt ist, daß Gott alles in Seinen Händen hält, der zerstört, der manipuliert und will selbst seinen Himmel und seine Erde. Über Generationen hinweg wurden viele Menschen blindgehalten und ließen sich auch blind halten und blind führen, weil sie nur auf ihr eigenes Wohl achteten und das, was ihr Leben ist, die Natur, mißachteten.

Die Masse der Menschen ist noch heute blind und somit nicht zur Erkenntnis gelangt, daß jeder Mensch durch sein Fühlen, Empfinden, Denken, Reden, Wollen und Tun sein Leben selbst gestaltet. Was er aussendet in Gefühlen, Empfindungen, Gedanken, Worten und Handlungen, das empfängt er auch wieder. Also: Was er sät, das wird er auch ernten.

Durch die immer stärkere Abwendung von Gott ging vielen Menschen das Wissen um ihre geistige, ewige Heimat verloren, ebenso wie das Bewußtsein um ihre Herkunft, um ihre Göttlichkeit und darüber, daß sie selbst der göttliche Mikrokosmos im ewigen Makrokosmos waren und in der Tiefe ihrer Seelen weiterhin sind. Sie sind sich dessen nicht bewußt, daß sie der ewigen Ordnung, dem Reich Gottes, angehören und daß die Verbindung ihres innersten Wesens zu Gott nicht zerstört oder aufgehoben werden kann.

In ähnlicher Unwissenheit wie die Fallwesen, denen das Wissen um die Kommunikation mit dem Unendlichen und der Unendlichkeit verlorenging, leben auch heute noch viele Menschen. Viele glauben nicht an Gott oder sind der Ansicht, Gott wäre weit entfernt von ihnen; sie sind sich der Macht und Kraft Gottes nicht bewußt. Viele Menschen sprechen wohl von Gott und beten zu Ihm – doch um ihr Göttliches wissen sie wenig. Auch heute wissen die meisten Menschen nicht mehr um ihre Herkunft; sie wissen nicht, wohin es nach dem Leibestode geht, und sie kennen nicht das Gesetz von Saat und Ernte, das Prinzip: Was der Mensch sät, also sendet, das empfängt, das erntet er.

Die werdenden Menschen beschränkten sich auf ihre eigene primitive Denkwelt, die sie als etwas Großes, gleich Gotthaftes, ansahen, denn die Macht und das Herrschen über ihre Nächsten prägte sich immer mehr aus. Daraus leiteten sie ab, daß sie Götter wären. Ihre Vorstellungen und Begriffe wurden zu Formen, die sie heute noch Realität nennen.

Blicken wir in die heutige Zeit. Die Mehrzahl der Menschen begnügt sich mit ihrer primitiven Denkwelt, mit dem einengenden Bewußtsein von Mein und Mir. Viele streben auf der Leiter des Erfolgs empor, und viele gebrauchen skrupellos die Ellbogen, um auf den Sprossen der Leiter so schnell wie möglich höherzuklettern, um Macht, Ansehen und Reichtum zu erlangen. Das ist ihre Realität, das sind ihre selbstgeschaffenen, greifbaren Formen und ihre Normen.

Nachdem nun das Maß voll ist, das heißt, die geliehene Gottesenergie weitgehend verbraucht und somit umgepolt ist, kann nur noch für eine geraume Zeit die Negativenergie umgeschichtet werden. Das Kausalgeschehen, in welchem sich das Rad der Wiederverkörperung dreht, geht nicht mehr so weiter wie bisher. Die Zeit ist nahe, in der dieses Rad allmählich stillstehen wird. Das bedeutet dann für jeden einzelnen: entweder Christus annehmen und die Gesetze des Lebens erfüllen – oder den Tod erleiden und als Seele über Äonen geistig tot in den Reinigungsebenen zu verbleiben, ohne die Erkenntnis, daß in der Tiefe der Seele die Göttlichkeit wohnt.

Doch Gott, unser allweiser, ewiger Vater, ist Seinen Kindern auch in der Finsternis der Gottferne nahe. Die unbelastbare göttliche Energie, welche zugleich die erhaltende Energie der umgepolten – nun negativen – Energie ist und die nicht heruntertransformiert werden kann, bleibt in jedem Baustein der Materie und in jedem Baustein der Reinigungsebenen erhalten. Sie bewirkt, daß früher oder später die Seelen oder die Menschen die heruntertransformierte Energie mit Christus, ihrem Erlöser, welcher die erhaltende Energie ist, wieder vom Negativen zum Positiven umpolen werden, um sie in das ewige Gesetz einzubringen. Das ist unumstößliches Gesetz.

Wir stehen nun also vor dem Entweder-Oder: Entweder wir transformieren und transferieren als Menschen den von uns umgepolten Teil der Energie in das ewige Gesetz zurück – oder wir werden dies als Seelen in den Stätten der Reinigung durch das Leiden vollziehen. Entweder wir retten uns und unseren Planeten, indem wir uns ändern – oder wir zerstören unsere Welt und gehen in den geistigen Tod. Mit „Welt“ meine ich die menschlichen Einrichtungen, alles, was der Mensch mit seinen Vorstellungen und Begriffen geschaffen hat.

Die geliehene göttliche Energie muß zurückgebracht werden. Das liegt im Gesetz der Zurückführung, die Jesus von Nazareth, der Christus Gottes, angenommen hat durch Seine Erlösertat. Weil Gott i s t und bleibt, unveränderlich, ist die reine, unbelastbare Energie in allen Bausteinen der Unendlichkeit, auch in der Materie, die Zieh- und Schubkraft für das Werk der Vollendung.

Der Wille der Fallwesen einst und heute: Menschen schaffen nach ihrem eigenen Bild

Gehen wir noch einmal zurück zu den werdenden Menschen; denn gerade vom Fallgeschehen her kann die heutige Zeit verstanden werden.

Die Wunschprogramme der damaligen werdenden Menschen waren, Körper zu schaffen. Durch die Potenzierung der Wunschgedanken entstanden allmählich im werdenden Menschen Zeugungsorgane. Als diese Umstrukturierung im weiteren Verlauf der Verdichtung vollzogen war, wurde ihnen bewußt, daß sie keine abtrünnigen Wesen aus anderen Fallwelten mehr zu sich ziehen konnten, die ihrem Bewußtsein entsprachen, um sie bestimmen und steuern zu können. Es war ihnen also nicht mehr – wie zuvor – möglich, Wesen aus anderen Welten auf direktem Wege zu sich zu rufen, sie gleichsam herbeizuschaffen, damit sie bei ihnen – auf der Erde – leben sollten, um ihren Zwecken zu dienen. Sie waren nun auf Zeugungsorgane angewiesen, mit denen sie Hüllen zeugten, in die sich andere Wesen, also Seelen, eingebären konnten.

Blicken wir in unsere Welt. Was wollen viele Wissenschaftler? Durch Genmanipulationen wollen sie Menschen schaffen, weil ihnen bloße Zeugungen zu unsicher geworden sind, denn das Genmaterial steht unter den Wirkungen der von der Menschheit geschaffenen Ursachen, und die Chancen werden immer geringer, daß gesunde und widerstandsfähige Körper gezeugt werden können, die auf der verunreinigten Erde und in der zerstörten Atmosphäre lebensfähig sind.

Das Alte, so erkennt die Wissenschaft, taugt nichts mehr, also muß Neues her. Auf dem Wege der Genmanipulation, so meint man, sei es möglich, eine neue Erde, neue Menschen und einen neuen „Himmel" – neue Speichersterne – zu schaffen.

Die ersten Schritte in dieser Richtung sind bereits eingeleitet; sie zeigen sich in den Versuchen, die bereits mit Tieren, Pflanzen und Nahrungsmitteln vorgenommen werden. Denn auch Pflanzen und Tiere sind mit ihrem genetischen Material unter den Bedingungen der veränderten kosmischen Strahlung nicht mehr unverändert existenzfähig.

Der heutige Mensch ist noch nicht viel weiter als der Vormensch, der werdende Mensch. Vielen ist es heute noch nicht bewußt, daß sie nur eine Hülle zeugen können, die ihren Anlagen, also ihrem Genmaterial, entspricht.

Viele Menschen waren und sind der Ansicht, daß der Mensch entweder seelenlos oder daß der Körper selbst die Seele sei. All diese Gedanken und Gedankensprünge speichert der Kausalcomputer. Von dort aus strahlen diese Eingaben wieder auf die dafür empfänglichen Menschen zurück. Sie empfangen entweder durch Telepathie von Seelen oder von Seelengruppen, oder sie rufen ihre eigenen Eingaben aus dem kosmischen Computersystem ab und glauben, wunder wie genial sie sind.

Das Bewußtsein der werdenden Menschen reichte nicht mehr aus, um zu erkennen, daß in den feinerstofflichen Reichen viele Wesen aus dem Fall waren, die wie sie Menschen werden wollten, jedoch den Prozeß der Verdichtung nicht mehr erlangen konnten, weil sich bei den werdenden Menschen bereits Geschlechts- und Zeugungsorgane bildeten.

Die Fallwesen, die nicht mehr den unmittelbaren Weg der Verdichtung nehmen konnten, sondern darauf angewiesen waren, daß sie eine Inkarnationsmöglichkeit erhielten, nahmen Kontakt mit den werdenden Menschen auf, beeinflußten und drängten sie, Körper zu zeugen – die die damaligen Erdbewohner jedoch für Schaffungen hielten. Einen Leib zu zeugen, in den sich ein Wesen einverleiben konnte, war für sie neu. Sie handelten daher unbewußt.

So weit wir Menschen heute zurückdenken können, wissen wir um die Zeugungsfähigkeit. Diese war jedoch zu Beginn der Menschwerdung nicht bekannt. Die Namen Adam und Eva stehen für die ersten zeugungsfähigen Menschen.

Für den sogenannten Vollmenschen ist es ganz normal, ein Kind zu zeugen. Für viele

Menschen erscheint es jedoch abnormal, daran zu glauben, daß aus den jenseitigen Bereichen eine Seele angezogen werden kann, die dem Bewußtseinsstand beider Elternteile entspricht. Ob es uns nun bewußt ist oder nicht: Durch den Akt der Zeugung rufen gleichsam der Zeugende und die Empfangende eine Seele an, die der Schwingungsart beider, des Zeugenden und der Empfangenden, entspricht.

Blicken wir in die heutige Zeit. Was will der Mensch? Viele Wissenschaftler wollen genetisch veränderte Menschen schaffen, die ihrem Willen entsprechen, die nämlich so denken und handeln, wie es die Machthaber und deren Machtmonopole vorschreiben – Menschen nach ihrem Bilde. Wir sehen: Der werdende Mensch und der Vollmensch gleichen sich immer noch, obwohl Zeiten über Zeiten – nennen wir sie Lichtzyklen über Lichtzyklen – dazwischenliegen.

Das Bewußtsein der ersten Menschen wurde immer enger durch die Sünde und die Arbeit auf der noch kärglichen Erde immer schwerer. Das sich aufbauende Nervennetz des physischen Körpers war angespannt, so daß sie beim körperlichen Akt die ersten Lust- und Wohlgefühle verspürten, weil sie sich dadurch für kurze Zeit entspannen konnten.

Als über die geschlechtliche Vereinigung die ersten physischen Körper entstanden, welche nach der Zeitrechnung der Monde geboren wurden, standen die ersten Menschen staunend da.

Sie konnten nicht fassen, welches Gebilde ihnen hier beschieden wurde. Sie sahen einen kleinen Menschen, also ein Neugeborenes, und wußten nicht so recht, was sie damit anfangen sollten.

Die ersten Menschen richteten sich nach dem Lauf der Gestirne. Sie befragten die Sterne und glaubten, diese müßten ihnen beistehen. Jedoch nicht die Sterne waren es, die den ersten Menschen mit Wort und Tat zur Seite standen, sondern die auf den verschiedenen Gestirnen lebenden Fallwesen, also Seelen. Diese sendeten, und die Menschen empfingen. Auf diese Weise entstand die Telepathie, das Senden und Empfangen zwischen Diesseits und Jenseits. Auf ähnliche Art und Weise verläuft es auch heute noch: Wohin der Mensch sendet, von dort empfängt er.

Über das Prinzip Senden und Empfangen empfingen nun die ersten Menschen telepathische Schwingungen. Es waren Impulse von Seelen, also von Fallwesen, die sie ganz allmählich aufklärten, was es mit diesem kleinen Leib, dem neuen Menschen, auf sich hatte, daß dieser Nahrung brauchte, daß er Bewegung brauchte und daß vor allem in diesem Leib ein Wesen aus den Fallreichen war und ist, dessen Geistleib eingefaltet – wir können auch sagen, eingeschachtelt – ist und sich nun im Laufe des Wachsens und Reifens des Menschen so weit entfaltet, wie sich das geistige Bewußtsein erschließen kann.

Um die Einschachtelung besser verstehen zu können, muß uns bewußt sein, daß der geistige Leib aus geistigen Partikeln besteht, die in ihrer Anordnung und Form mit Honigwaben vergleichbar sind. Geht eine Seele zur Inkarnation, dann falten sich diese Partikel zusammen. Beim ersten Schrei des Kindes erfolgt die Zusammenkoppelung des Seelengebildes mit dem physischen Körper. Die Seele entfaltet sich dann im Menschen in dem Maße, in welchem das Kind wächst und reift. Der Entfaltungsgrad der Seele hängt vom Bewußtsein der Seele ab und von den im Menschen aktiven Genbausteinen.

Aus den Fallreichen erhielten die ersten Menschen über Telepathie auch Kenntnis über die Reinkarnation, das Hineinschlüpfen in das Fleisch und das Herausschlüpfen aus dem Fleisch. Das sich verkörpernde und wiederverkörpernde belastete Wesen nennen wir heute schlicht die Seele.

Der für die Umkehr der Menschheit vorgesehene Zyklus geht zu Ende. Nach dem Zusammenbruch des Fallgefüges erfolgt die Assimilation alles Verdichteten an das reine Sein

Gott gab Seinen Kindern den freien Willen und dadurch die Möglichkeit, ihren Plan so auszuführen, wie sie es wollten. Gott behielt sich jedoch vor, die geliehenen Energien dann wieder zurückzunehmen, wenn ihr Plan mißlingen würde.

Gott ist unwandelbar und in allem gegenwärtig. Gott i s t , und Gott kann nicht verändert oder umgestimmt werden. Obwohl der Ewige wußte, daß dieser Fallplan, wie Gott sein zu wollen, ja Gott noch zu übertreffen, nicht durchführbar war und ist, weil das Absolute nicht ins Wanken gebracht und bezwungen werden kann, hat Er, der große Geist, doch Seinen Kindern dies gewährt; denn nur über die Selbsterkenntnis finden sie wieder zurück zu ihrem Ursprung, zum wahren Sein. Der freie Wille ist entscheidend.

Gott räumte und räumt den Fallkindern die Möglichkeit ein, sich in ihren eigenen Gedanken, in ihrem selbstgeschaffenen Gesetz, in ihren Vorstellungen und Begriffen, in ihrem gottfernen formgewordenen menschlichen Selbstsein selbst zu erkennen. Deshalb heißt für uns Menschen der Weg zu Gott: Erkenne dich selbst, gehe den Weg der Reue, der Bitte um Vergebung, der Vergebung, der Wiedergutmachung, und tue das dir bewußte Sündhafte nicht mehr.

Durch die Selbsterkenntnis, durch ernsthafte Reue und Bereinigung der Ursachen, also des Sündhaften, finden die Seelen und Menschen wieder Zugang zu Gott, durch das positive göttliche Prinzip Geben und Empfangen. Er, der Allweise, wußte, daß Seine Kinder durch Selbsterkenntnis zum Bewußtsein der Gotteskindschaft erwachen, weil sie in der Tiefe ihrer Seele göttlich blieben und bleiben durch Seine Allgegenwart.

Gott gab den Menschen für ihre Umkehr und Rückkehr zum göttlichen Sein einen für uns unvorstellbar langen Zeitlauf, vielleicht Milliarden von Jahren. Rechnen wir jedoch nicht in Jahren, sondern rechnen wir innerhalb des Fallgeschehens in Zyklen, denn die ganze Unendlichkeit hat ihre zyklisch rhythmischen Abläufe. In diesen Bewegungen der Unendlichkeit wirkt das geistige Evolutionsgesetz, das Werden und Reifen bis hin zur Vollreife, welche die Vollendung des Lebens ist. Vollreife bedeutet, daß das wieder göttliche Wesen erneut sämtliche Kräfte der Unendlichkeit in sich erschlossen hat. Auf der Materie, die zu den Fallreichen gehört, kann und soll die Seele im Menschen in der Kürze von Jahren sämtliche Kräfte der Unendlichkeit, ihr göttliches Erbe, das von den Sünden überlagert ist, wieder erschließen.

Der Werdegang des Menschen hat ebenfalls einen zyklischen Ablauf. Seine Lebens- und Sterbephase – auch „Lebens- und Todesspanne“ genannt – verläuft in Zyklen, bis schließlich der Tod eintritt. Dann sollte der Mensch seine Seele weitgehend gereinigt haben. Auch das Fallgeschehen von dessen Beginn an bis zu seinem Ende ist zyklisch bedingt. Dieser Ablauf wird die Verwirklichungs- und Erfüllungsspanne der Menschheit genannt, innerhalb derer jedem die Möglichkeit zur Umkehr gegeben ist.

Nach vorgegebenen Zyklen geht der Fall zu Ende. Für die Rückführung der Seele des Menschen ist ebenfalls ein Zyklus, eine bestimmte Zeitspanne, vorgesehen. Läuft dieser Zyklus aus, dann ist auch die Rückführung des Menschen nicht mehr möglich. Dann heißt es für den belasteten Menschen: Stirb, und tritt als Seele in den Rückführungszyklus ein, der in jenen Fallreichen gegeben ist, die nicht mehr Materie sind, also in feineren Bereichen. Dort aber gibt es nicht mehr die rasche Umkehr durch Bewährung. Dort heißt es: Abtragung; und das bedeutet, all das zu erleiden und zu durchleiden, was der Mensch anderen zugefügt hat.

Ob die Menschheit umgekehrt ist oder nicht – am Ende dieser Verwirklichungs- und Erfüllungsspanne, am Ende des letzten Zyklus, bricht nach und nach auf dieser Erde das gesamte Fallgefüge zusammen. Es wird von Gestirnen umgewandelt, die in sich das Umwandlungsprinzip von der Grobstofflichkeit zur feineren Materie tragen. Durch dieses Prinzip der Umwandlung wird die Dichte in höhere Schwingung gebracht, also verfeinert. Gleichzeitig erfolgt dieser Wandlungsprozeß auch im materiellen Universum. Auch diese gesetzmäßige Umwandlung verläuft in Zyklen.

Zyklisch, also in Phasen, wird die Umwandlung vollzogen, bis die heruntertransformierte, geliehene Gottesenergie wieder höchstschwingende, ewige Kraft ist, die dann in das ewige Gesetz einmündet, von wo sie gegeben wurde.

Dieser zyklische Evolutionsprozeß erfolgt in allen Reinigungsebenen einschließlich der Erde. Ist dies vollzogen, dann ist die Assimilation an das hehre Gottesbewußtsein vollendet. In dieser Umbruchszeit hin zur Neuen Zeit – im letzten mächtigen Zyklus für die Materie – steht jetzt der materielle Makrokosmos.

Jesus, der Christus Gottes, hat für Seelen und Menschen unvorstellbar Großes vollbracht. Seine Standfestigkeit brachte die Wende im Fallgeschehen

Die Rückführung der Menschenseelen und die Assimilation an das ewige Sein begann schon vor nahezu zweitausend Jahren. Mit dem Kommen Jesu, des Christus, wurde diese Zeit eingeleitet. Im Wort „Vollbracht" liegt also schon der letzte mächtige Zyklus dieser Dichte.

Jesus, der Christus, kam zu den Menschen. Er lehrte die Zehn Gebote und brachte die Bergpredigt, welche Auszüge aus dem kosmischen Gesetz sind.

Durch das „Vollbracht" des Sohnes Gottes am Kreuz vollzog sich in allen Seelen Machtvolles. Der Sohn Gottes lieh einen Teil Seines göttlichen Erbes allen Seelen zur Stütze und als Antriebskraft, um die Verbindung mit der Gotteskraft, der Vaterenergie, dem ewigen Gesetz, wiederherzustellen, auf daß die Menschen wieder bewußt Söhne und Töchter Gottes sind.

Diese stützende Kraft, der Erlöserfunke, mußte sein, weil die Seelen am Kippunkt zu ihrer Auflösung waren, da Seelen und Menschen die Gottesenergie immer mehr verbraucht hatten. Durch den Erlöserfunken wurde das Erreichen bzw. Überschreiten des Kippunktes in den Seelen verhindert. Die Heruntertransformierung des Geistleibes über die Tier-, Pflanzen- und

Mineralreiche bis hin zur Auflösung, kann nicht mehr erfolgen.

Die Auflösung aller Formen, ja der gesamten Universen – das war der Wunsch und die Zielvorstellung der Fallwesen. Dieser Plan erfüllt sich also nicht. Auch wenn die Menschheit die Gottesenergie mehr und mehr verbraucht und somit den Speicher der beiden Makrokosmen, der Reinigungsebenen und der Materie, ganz und gar mit Negativenergie füllt, so bleibt doch das Erlöserlicht die stützende und wegweisende Kraft ins Vaterhaus. Das Erlöserlicht kann nicht umgepolt, also heruntertransformiert werden.

Was geschieht, wenn die Speicher keine weitere Negativenergie mehr aufnehmen können? Der volle Speicher, der die Ursachen der Menschheit und der Seelen in den Stätten der Reinigung enthält, kommt mehr und mehr zum Ausfließen. Das heißt, die Ursachen kommen immer rascher auf die Menschheit zu. Sie kommen nicht mehr phasenweise, nicht mehr in Schüben, sondern in vielen Fällen im ganzen Umfang auf einmal; eine Ursache kommt also nicht mehr abschnittweise zum Tragen, sondern oft gebündelt, in ihrer vollen Wirkung.

Wir erkennen: Jesus, der Christus Gottes, hat für alle Seelen und Menschen unvorstellbar Großes vollbracht. Er stellte sich als Mensch den Gegenkräften. Er, der große Geist im Menschen, rang mit den Mächten der Finsternis und zeigte durch Seine Standfestigkeit dem Widersacher, daß Gott unbesiegbar ist. Jesus ist das Vorbild für alle Menschen.

Wäre Jesus, der Christus Gottes, wankelmütig geworden, so hätte der Gegenspieler Gottes den Sohn Gottes besiegt; Seine Teilkraft aus der Urkraft wäre dann in das dämonische Reich eingegangen. Dann wäre die Teilkraft aus der Urkraft zur negativen Energie im Dienste der Dämonen geworden, und der Fürst der Finsternis hätte ein weiteres Energiepotential errungen, mit welchem er das hätte bewirken können, was in seinem Sinn stand und noch immer steht: die Auflösung des Reiches Gottes und aller geistigen Lebensformen.

Der Ewige, Allweise wußte, daß Sein Sohn siegen würde. Christus sprach am Kreuz das mächtige Umwandlungswort „Vollbracht". Durch Seine Erlösertat wird nun der gesamte Fall, der Makrokosmos der Reinigungsebenen, der Makrokosmos der Materie und alles, was in diesen beiden Sternenwelten lebt, zurückgeführt. Damit ist dann die Umwandlung und die Rückführung zum ewigen Sein abgeschlossen.

Die Menschheit lebt derzeit also in dem letzten mächtigen Zyklus der Umwandlung. Die sündhafte Welt vergeht; das Gottesreich wird mehr und mehr erstehen – so, wie es schon die Propheten des Alten Bundes vorhergesagt haben. Nicht die Erde wird zerstört, sondern diese Welt. All ihre Einrichtungen werden vergehen, und auch viele Menschen, die das Malzeichen der Liebe nicht auf ihrer Stirn tragen, werden mit ihrer Welt untergehen.

Die Teilkraft der Urkraft, die Erlöserkraft, hat also die Wende in das Fallgeschehen gebracht. Damit erlangten die Dämonen ihre erste große Niederlage. Sie konnten den Sohn Gottes nicht besiegen.

Der Mensch – ein Planet im All. Kommen und Gehen – Sterben und Werden

Solange der Mensch im Gesetz von Saat und Ernte lebt, ist er ein Gezeichneter und somit ein Programmierter. Er ist mit einem Computer zu vergleichen, der in sich all das gespeichert hat, was von ihm ausging und ausgeht, denn das ging und geht wieder in ihn ein.

Da jeder die Zeichnung seines Fühlens, Denkens, Wollens und Tuns ist, so sind auch die Chromosomen des Menschen, die Erbanlagen, entsprechend geprägt. Diese Prägung ist das physische Erbe des Menschen, das in seinen Genen liegt. Jeder Mensch findet sich in seinen Genen und im Kosmos wieder. Jeder von uns ist also sein eigener Speicher und sein eigener Zeichner und somit der Gezeichnete.

Wir können sicher sein: Gott, das ewige Gesetz, Seine große kosmische Buchführung, der mächtige kosmische Computer, ist exakt und gerecht. Nichts geht verloren; alles ist registriert.

Jeder Mensch und jede Seele können auch mit einem Planeten verglichen werden. Beide ziehen ihre Bahnen, sowohl der Mensch als auch die Seele, je nach Wesensmerkmalen und Eigenschaften. Das Gesetz der Gravitation – im Materiellen: die Anziehung der Massen – lautet im Geiste Gottes: Gleiches zieht Gleiches an. Durch dieses geistige Gesetz der Kommunikation zieht der Mensch, die verköperte Seele, der Planet, seine entsprechende Bahn.

Beim Leibestod läßt die Seele ihre Hülle, den physischen Körper, zurück. Dieser Verlauf des Hinscheidens und des Zerfalls des physischen Leibes ist mit jenen Gestirnen zu vergleichen, die verglühen und in den Sog der sogenannten „Schwarzen Löcher" gelangen. Diese treten im Weltall immer häufiger auf, weil immer mehr Sterne verglühen. Diese Schwarzen Löcher sind die Gräber im All, wo verglühende Sterne umgewandelt werden. Sie werden entweder wieder zu Materie oder werden in einen höheren Aggregatzustand gebracht.

Sprechen wir von der Materie, dann muß uns bewußt sein, daß diese nicht ewiges Leben hat. Der geistige Leib hingegen – im verschatteten Zustand: die Seele – besitzt das ewige Leben. Der geistige Leib, die Seele also, kann nicht verglühen und nicht zerfallen – auch nicht die geistige Substanz im Inneren des materiellen Gestirns, die wir seine Seele nennen können. Nur die Dichte der Materie verglüht und zerfällt. Sie wird „in den Gräbern des Alls" verwandelt. Ebenso verwandelt sich der menschliche Körper zu den Elementen zurück, aus denen er gebildet war. Anders die Seele; sie tritt ihre Reise entweder in höhere Lebensbereiche an, oder sie bleibt im Rad der Wiederverkörperung, im Wechsel von Hineinschlüpfen und Herausschlüpfen aus dem Fleisch, bis sie ihre Belastungen, ihre Sünden, weitgehend abgelegt hat. Dieses Kommen und Gehen erfolgt so lange, bis eine Verkörperung nicht mehr möglich ist.

Noch einmal sei es gesagt: Wir erkennen den Werdegang von Seele und Planeten. Planeten sterben und werden von den „Gräbern im All", den Schwarzen Löchern, angezogen. Aus diesen heraus vollzieht sich entweder die Geburt neuer Gestirne, oder die Masse wird in höhere Aggregatzustände gebracht und erlangt ganz allmählich durch weitere Verfeinerung die Assimilierung an den Allcomputer, das hohe Gesetz des vollkommenen Lebens, das ewige Sein.

Die Seele hat die Möglichkeit, die Assimilierung an das ewige Sein zu erlangen, indem sie ihr Sündhaftes, also ihre Belastungen, in den Reinigungsbereichen ablegt. Sie kann jedoch auch wieder zur Einverleibung gehen, also wieder ein neuer Planet im Erdenkleid werden, ein Mensch, der auf der Erde wieder seine Bahn zieht.

Im gesamten materiellen Makrokosmos besteht dasselbe Prinzip: das Auftreten und das

Wieder-Abtreten. Es ist das Kommen und Gehen, es sind die Veränderungen durch die verschiedenen Aggregatzustände. Dieses kosmische Geschehen vollzieht sich so lange, bis die Verwirklichungs- und Erfüllungsspanne zu Ende geht. Durch die Einstrahlung des Kausalcomputers wird die Seele zur Entscheidung geführt: entweder Inkarnation – solange die Möglichkeit der Einverleibung noch besteht – oder Abtragung im Seelenreich.

Auf die Seele in den Stätten der Reinigung und auf die Seele im Menschen kommt nur das zu, was diese in einer früheren Existenz im physischen Körper in den Kausalcomputer eingegeben hat. Geht eine Seele erneut zur Inkarnation, dann baut sich, wie schon beschrieben, wieder ein neuer irdischer Körper auf. In gleicher Weise, wie sich der Embryo im Leibe der Mutter entfaltet, wird auch die Registrierung dieses entstehenden Körpers im materiellen Computersystem eingegeben.

Gehen viele Seelen zur Einverleibung, dann ist es möglich, daß aus den Schwarzen Löchern wieder neue materielle Gestirne geboren werden – Computerbausteine zur Registrierung der vielen gezeugten Menschenkörper. Bauen sich die Embryos in den Körpern der Mütter auf, so entstehen dann auch aus den Schwarzen Löchern die Speicherplaneten, die aus Supernovas hervorgehen. Entsprechend ihren Speicherungen ziehen sie dann im materiellen Kosmos ihre Bahnen. Ihr Speicherpotential entspricht dem

Strahlungspotential der vielen Menschenkörper, die geboren wurden und in die sich eine entsprechende Seele mit gleichen und ähnlichen Anlagen einverleibte, wie sie die Gene des physischen Körpers enthalten.

Die Naturreiche mit ihren Pflanzenarten und Tieren unterliegen dem gleichen Prinzip wie die Menschen – Sterben und Werden. Und vergegenwärtigen wir es uns erneut: Alle Vorgänge, sowohl die des Menschen und der Seele als auch der Natur- und Mineralreiche, werden im Kosmos registriert.

Findet ein großes Tier- und Pflanzensterben statt, dann ist es möglich, daß wieder Planeten verglühen und von den Massengräbern, den Schwarzen Löchern, angezogen werden. Das gleiche gilt für die Veränderung der Mineralreiche. Jede Veränderung und jeder Sterbevorgang, so auch der allmähliche Zerfall des physischen Leibes der Tiere und der Pflanzen, wird vom Computersystem gelenkt.

Die Sternenwelt ist also nicht nur die Buchhaltung Gottes für die Fallwelten, sondern auch das Auge Gottes; denn die Gestirne verfolgen präzise jeden einzelnen Ablauf auf der Materie. Wird der tote Leib verbrannt – das gilt auch für Tiere und Pflanzen –, dann laufen auch diese Vorgänge entsprechend im materiellen Kosmos und auch im Kosmos der Reinigungsebenen ab. Was übrigbleibt, das strahlt aus, das heißt, es sendet und empfängt zugleich. Infolgedessen steht das, was übrigbleibt – zum Beispiel die

Asche und deren weiterer Zerfall sowie alles, was allmählich auf und in der Erde zerfällt –, ebenfalls mit dem materiellen Kosmos in Verbindung.

Das Auge des Alls – die Planeten der Fallwelten – beobachtet und registriert die geringste Bewegung in und auf der Erde und auch in den Seelenreichen. Sterben viele Tier- und Pflanzenarten, deren geistiges Potential auf der Erde als Tier oder Pflanze nicht mehr in Erscheinung tritt, dann erlangt auch das Strahlungspotential jener Gestirne, in welchen diese Tier- und Pflanzenarten gespeichert waren und welche von den Schwarzen Löchern aufgenommen wurden, sukzessive die Assimilation an das ewige Sein.

Ich wiederhole: Im Kosmos wird jede Veränderung registriert, und was registriert ist, hat wieder die entsprechende Rückstrahlung. Dadurch steht alles miteinander in Kommunikation. Jeder Stein, der vom Menschen zerquetscht, zermahlen oder an andere Orte gebracht wird, um eine entsprechende Verwendung zu finden – all diese Bewegungen und Vorgänge werden im materiellen Makrokosmos registriert.

Durch das Prinzip Senden und Empfangen, durch Registrierung und Rückstrahlung, ist eine absolute Kommunikation gewährleistet und somit eine absolute Buchhaltung. Dieses mächtige Gravitations-, gleich Kommunikationsnetz, kann von uns Menschen nur teilweise erfaßt werden.

Der Mensch ist von seiner eigenen Registratur gesteuert. Erbanlagen sind Magneten. Abtreibung – Sünde wider das Leben

Alles ist Bewußtsein. So, wie wir denken, so leben wir. Auch unsere Gene sind Bewußtsein. Sie setzen sich zum großen Teil aus dem zusammen, was der Mensch fühlt, empfindet, denkt, spricht und handelt. Immer wiederkehrende gleiche Gefühle, Gedanken, Worte und Handlungen bilden mit der Zeit Bausteine, die wir in einem Sammelbegriff als Erbanlagen bezeichnen. Das ist unser menschliches Erbe; das ist das, womit wir uns umgeben, womit wir denken, reden und handeln.

Unser Genmaterial ist also im Computersystem der Gestirne verzeichnet. Durch das Prinzip Senden und Empfangen ist jeder Baustein, jede Erbanlage, ein entsprechender Magnet. Unser menschliches Erbgut überlagert das göttliche Erbe, das aus den Prinzipien Gleichheit, Freiheit, Einheit und Brüderlichkeit besteht.

Der Niederschlag unserer menschlichen Speicherungen, das also, was sich in den Genen befindet – unser physisches Erbe –, wirkt sich dann auch im Zeitlichen aus. Wir schaffen uns in dieser Welt das, was schon in unserem Genmaterial liegt. Wir sind ein Handwerker, ein Pädagoge, ein Theologe, ein Wissenschaftler, ein Arzt; was die Erbanlagen ausstrahlen, das wollen wir in der Welt realisieren. So können wir sagen, daß es kein Zufall ist, wenn zum Beispiel in einer Ahnenreihe immer wieder Wissenschaftler oder Forscher oder Ärzte oder Handwerker und dergleichen auftreten. Es sind unter Umständen immer wieder dieselben Seelen, die sich auch im Erdenkleid begegnen, um miteinander das abzutragen, was sie sich an physischem Erbgut, an Menschlichem also, gemeinsam auferlegt haben.

Einerlei, welche menschliche Bewußtseinskette von Fühlen, Empfinden, Denken, Sprechen und Wollen sich zu einem menschlichen Erbgut zusammensetzt – es muß bereinigt oder abgetragen und umgewandelt werden, vom Menschlichen, dem Sündhaften, zum Göttlichen, zum Unbelasteten. Die negative Energie muß wieder zur positiven Energie werden. Die Leihgabe muß wieder zurückgebracht werden. Die Erde ist also eine Abtragungs- und Bewährungsstätte für alle Menschen, einerlei, welchen Rang, Titel, Namen und Beruf sie bekleiden.

Die Abtragung – bei der die Bereinigung erfolgen muß – führt zur Umwandlung des Negativen zum Positiven in Seele und Mensch und zugleich zur Umgestaltung in der Sternenwelt. Durch das Prinzip „Gleiches zieht zu Gleichem" finden Menschen zusammen, die miteinander Ursachen geschaffen haben, um diese gemeinsam tilgen zu können. Das gleiche Prinzip gilt im Seelenreich für Seelen.

So ist es möglich, daß in einem Menschenkind jene Seele geboren wird, die eventuell in einer Vorexistenz entweder ein Geschwister ihrer derzeitigen irdischen Mutter war oder die Mutter oder der Vater der derzeitigen Mutter oder des derzeitigen Vaters oder ein ehemaliger Anverwandter – je nachdem, welche Ursachen zugrundeliegen, die in diesem Erdendasein gemeinsam bereinigt werden sollen. Die ganze Familie trifft sich wieder, jedoch in anderen Gewändern und in einer anderen Rollenverteilung.

Was ungesühnt ist, muß gesühnt werden. Bestehen also nach dem Gesetz von Saat und Ernte karmische Verknüpfungen, zum Beispiel ein Familienkarma, das in diesem Erdenleben bereinigt werden soll, dann setzt sich die frühere Familie im erneuten Erdendasein wieder in anderen Komponenten zusammen.

Es ist kein Zufall, daß wir in diese unsere Familie hineingeboren wurden, daß wir diesen und jenen Menschen begegnen, daß wir an diesen unseren Arbeitsplatz gestellt sind und nicht an einen anderen. Warum wir heute da und dort gehen, warum wir uns heute harmonisch oder hektisch bewegen, diese und jene Gefühle und Empfindungen hegen oder was wir heute denken, reden und tun, wohin wir gehen, wohin wir fahren – alles hat seinen Grund und will uns etwas sagen. Denn jede Regung, jede Bewegung, jedes Gefühl, jede Empfindung, jeder Gedanke, jedes Wort und jede Handlung ist registriert und kommt durch Rückstrahlung wieder auf den Programmierer, den Sender, zu.

Es nützt uns also nichts, die Bedingungen unseres Erdenlebens von außen her ändern zu wollen. Alles Sträuben gegen unser Schicksal ist fruchtlos. Erst dann, wenn wir erkennen und bereinigen, uns also ändern, dann wird sich in der Folge auch unser Leben ändern.

Wir werden von unserer eigenen Kausalregistratur gesteuert, und nur über diese werden wir mit anderen Menschen wieder zusammengeführt – dann, wenn die Ursachen miteinander zur Bereinigung anstehen.

Jede Zusammenführung hat also etwas zu bedeuten. Die einen sind zusammengeführt, um miteinander ihre Ursachen zu bereinigen; die anderen werden zusammengeführt, um nach dem ewigen Gesetz einen göttlichen Auftrag zu erfüllen, dann, wenn dieser im Göttlichen verzeichnet ist. Der Maßstab unseres Fühlens, Denkens, Sprechens und Wollens sagt uns, was uns zusammenführt.

Viele Menschen können vom Gegenspieler Gottes blind gehalten werden, weil sie ihr Leben, das aus ihrem Fühlen, Denken, Sprechen und Wollen besteht, nicht überdenken. Was andere beschließen, das tun sie – mit der Begründung, diese müßten es wissen. Gott hat jedoch jedem Menschen einen Verstand gegeben, um zu verstehen und zu erkennen. Wer das Gute und das Böse ergründen möchte, der kann sein Denken und Tun an den Zehn Geboten und der Bergpredigt Jesu messen; denn diese Gesetzmäßigkeiten sind Auszüge aus dem Absoluten Gesetz, Gott.

Noch einmal sei gesagt: Viele Menschen denken nicht über ihr Leben nach, woher es kommt und wer oder was das Leben ist. Eine ethische Grundregel für die Menschheit lautet: Leben retten und Leben schützen. Dieses Prinzip müßte auch für den Embryo gelten. Viele jedoch treiben gewissenlos ein werdendes Kind ab und wissen nicht, daß sie damit eine Seele vertreiben, mit der sie in diesem Erdendasein einiges hätten bereinigen sollen. Nach den ewigen Gesetzen fällt die Abtreibung unter die fünfte Gesetzmäßigkeit der Zehn Gebote Gottes: Du sollst nicht töten.

Deshalb ist Abtreibung – einerlei, in welchem Stadium – eine große Sünde, Sünde wider das Leben. Die gegenwärtige Gesetzgebung vieler Staaten, daß je nach Situation abgetrieben werden kann, ist eine dämonische Regelung. Jede Sünde muß getilgt werden. Was nicht getilgt, also nicht bereinigt ist, muß irgendwann bereinigt werden. Was heute, in diesem Leben, nicht bereinigt wird, muß in den Reinigungsebenen oder in weiteren Inkarnationen gesühnt und bereinigt werden.

Wer ein werdendes Kind abtreibt, hat gemordet und sich damit entsprechend belastet. Die Seele, die zu einem oder mehreren Menschen als Mensch kommen wollte, um mit ihnen einiges zu bereinigen, also abzutragen, muß diese Ursachen nun in ihrem Seelenleib behalten. An diesem sündhaften Geschehen sind alle Menschen beteiligt, die der Abtreibung zugestimmt haben – der Politiker, welcher der Gesetzgebung zugestimmt hat, derjenige, der die Abtreibung ausführte, derjenige, der abtreiben ließ oder letztere dazu veranlaßt hat.

Auch auf diese Weise kann ein Gruppenkarma entstehen. Es besagt, daß diese Menschen, die gemeinsam Ursachen geschaffen haben, wieder zusammengeführt werden, entweder in den Stätten der Reinigung als Seelen oder wieder als Menschen. Das Karmagesetz kennt die Wege und führt die Menschen zusammen, die miteinander das tilgen und abtragen sollen, was sie einst miteinander verursacht haben.

Die Bedeutung einer Inkarnation für eine Seele – Mühen und Plagen vor und nach der Geburt

Was auf der Materie nicht sichtbar ist, das tun viele Menschen als nichtig ab, und doch vollziehen sich vor einer Inkarnation oder vor einer Zeugung eines Kindes kosmische Vorgänge, die der Mensch nicht erfassen kann, weil seine Sinne auf das Sichtbare bezogen sind und selten das registrieren, was hinter der Kulisse menschlichen Ichs abläuft – was schon in Bewegung ist, bevor der Mensch denkt oder bevor zum Beispiel ein Kind gezeugt wird.

Machen wir uns also bewußt: Geht eine Seele zur Einverleibung, dann nimmt diese schon vor der Zeugung vieles in Kauf: all die Vorbereitungen im Jenseits, ihre Ausrichtung auf die Bahn zur Inkarnation, das Warten bis zur Zeugung – daß also der Magnet geschaffen wird – und dann der Werdegang über die Lebensbahn, über bestimmte Konstellationen der Gestirne zur Erde, zur Inkarnation.

Hat sich die Seele einverleibt, dann beginnt wieder – für sie vielleicht zum zehnten, zum zwanzigsten, zum hundertsten, zum tausendsten Mal – die Aktion, ihren angenommenen Menschenkörper in Gang zu bringen. Immer wieder vollzieht sich dasselbe. Immer wieder muß die Seele ihre Leibeshülle, das kleine Vehikel, für diese Erde zubereiten.

Sie muß ihren menschlichen Leib beherrschen lernen. Das geschieht ganz allmählich und mit vielen Rückschlägen. Sie muß wieder ihren Körper – zuerst das Gehirn – neu programmieren. Sie braucht also wieder – vielleicht zum hundertsten Mal – Lebensprogramme, um als Mensch auf dieser Erde bestehen zu können. Sie ist vielleicht zum hundertsten, zum zweihundertsten Mal auf die Eltern, die Großeltern, die Anverwandten angewiesen, die ihr beistehen, die Grundprogramme in das neue Gehirn einzuspeichern: das Sprechen, das Tasten, das Sitzen, Gehen und vieles mehr. Später wirkt dann – vielleicht zum zweihundertsten Male – wieder die Umwelt auf das Kind ein. Mit ihren Bildern, Anschauungen und Gegebenheiten versetzt diese die Seele des Kindes in eine andere Zeitepoche, um nun das einzuspeichern, was der neue Mensch in dieser Zeitepoche zum Leben auf der Erde benötigt.

Widmen die Eltern ihrem Kind genügend Aufmerksamkeit, dann beobachten sie, wie mühsam die Seele ihres Kindes ihr Vehikel, den physischen Leib, zu beherrschen lernt und wie lange der Mensch braucht, bis die ersten Programme für dieses neue Erdendasein greifen – allein schon, bis die ersten Worte des Kindes, zumeist „Mutter" oder „Vater", programmiert sind. Buchstabe für Buchstabe, Laut für Laut, bauen sich die Worte im Gehirn auf. Die ersten Anzeichen dafür, daß sich ein Programm aufbaut, sind oftmals nur einzelne Laute, aus denen sich dann ganz allmählich die Worte formulieren. Es ist oftmals nur „Va" oder „Ma". Es dauert lange, bis das Kind die Worte auszusprechen vermag.

Hat das Kind einige Programme entwickelt, z.B. „Vater", „Mutter", dann sind auch diese Programme, diese Worte, im Kind zum Bild geworden. So, wie sich das Wort – gleich dem Bild – im Gehirn des Menschen aufbaut, wird es auch in den materiellen Gestirnen registriert. Mit diesen Programmen steht dann das Kind in Kommunikation, auf diesen baut es weiter auf und schafft weitere Programme für sein Erdendasein. Schon das Lallen des Kindes zeigt an, daß in ihm bildhafte Programme entstehen, die sich gleichzeitig in den Gestirnen aufbauen. Das Lallen zeigt auch schon die Registrierung in den Gestirnen an, denn es gibt keine Bewegung und keinen Ton ohne Kommunikation.

Wir sehen also, was eine Inkarnation bedeutet, welch Mühen und Plagen notwendig sind – schon vor der Zeugung, dann während des Entstehens des Kindes im Mutterleib und sodann von der Geburt an. Und das alles wird eventuell mit einem Eingriff oder einigen Tabletten hinweggefegt!

Die Seele muß das Genmaterial ihres neuen Leibes beachten, um diese Erbanlagen, die ihrem mitgebrachten Energiepotential entsprechen, so weit zu aktivieren, wie sie der Mensch im Laufe seiner Reifegrade benötigt. Einige Bausteine der Gene der Mutter und des Vaters sind auch im Erbmaterial des Kindes enthalten; denn über die gleichschwingenden Programme wurde die Seele des Kindes von den Eltern angezogen, um in der Familie das zu bereinigen, was sie miteinander verbindet.

Die Seele im neuen Erdendasein muß auch die fünf Sinne ihres Körpers aktivieren, um das Vehikel Mensch auf rechte Weise steuern zu können. Durch die Aktivierung der fünf Sinne, die wiederum über das Genmaterial erfolgt, ergeben sich weitere bildhafte Programme, die von den Genen des Kindes als neue Programme und auch von der Seele als Strahlungspotential aufgenommen werden. Die vielen Beschwerlichkeiten des Lernens, des Aufrichtens, des Sitzens, des Stehens und Gehens im Erdenkörper nimmt die Seele in Kauf.

Was das kleine Kind möchte, wohin es gehen möchte und dergleichen – die Seele muß es im Menschenkörper neu entwickeln. Deshalb ist es für das Kleinkind entscheidend, was die Mutter, der Vater, die Großeltern, die Verwandten und Bekannten sprechen und was sie in ihre Worte hineinlegen. Die sensible Seele im neuen Erdenkörper ist sehr wachsam und erfaßt auch die Gedankenwelt der Menschen, die das Kind umgeben.

Die vielen Eindrücke – alles, was auf das Kind zukommt –, auch die Bilder der Gedanken von Vater, Mutter, Großeltern, Verwandten usw. registriert die Seele. Was sie wahrnimmt, geht in vielen Fällen als Speicherung in das Gehirn des kleinen Menschenkindes ein, in seine Seele und in die Gestirne. Daraus ergeben sich dann wieder die ersten Lebensbilder, die ersten Eindrücke der Seele in ihrem neuen Körper.

Mutter, Vater, Großeltern und Verwandte legen also ihr Erkenntnisbild in die Welt des Kindes. Was für die Eltern, Großeltern und Verwandte die Worte „Vater“, „Mutter“, „Sonne“, „Blume“ usw. bedeuten, wie sie also zu diesen Begriffen stehen, von denen sich die Erwachsenen ein Bild gemacht haben, dementsprechend entstehen auch die Bilder und deren Bedeutung im Gehirn des Kindes, in der Seele und in den Gestirnen.

Mit den Worten, welche das Kind gelernt hat – „Vater“ oder „Papa“, „Mutter“ oder „Mama“, „Oma“, „Opa“, „Tante“, „Onkel“ –, nimmt das Kind bewußt Kontakt zu seinem Vater, zu seiner Mutter, zu seinen Großeltern, zu den Verwandten und Bekannten auf. Das Kind sieht seine Eltern so, wie diese sich ihm gegenüber geben – es nimmt Worte und Bilder auf, wobei in den Bildern das Verhalten der Menschen liegt, die um das Kind sind. Daraus entstehen allmählich die ersten Programme und im Laufe der Zeit die weiteren Programme. So programmieren sich ganz allmählich das Gehirn, die Seele und die Gestirne.

Programme bestimmen das Leben des Menschen. Aufbau weiterer Programme als Sende- und Empfangsstationen

Weil die Aussage der bildhaften Sprache von Bedeutung ist, will ich folgendes noch einmal wiederholen: Das Kind, das zu sprechen beginnt, sieht den Vater, die Mutter, die Großeltern und die Verwandten, die Personen, die augenblicklich sein Leben bestimmen, nach ihrer Ausstrahlung – und nicht, wie sie sich selbst einschätzen oder wie sie gesehen werden möchten. Die wache Seele ist in ihrem Körper auf Erkennen, Lernen und Programmieren eingestellt, denn ihre erste Aufgabe im irdischen Dasein ist es, ihren physischen Leib beherrschen zu lernen.

Entsprechend dem Genmaterial des neuen physischen Körpers und den Verhaltensweisen der Erwachsenen nimmt das Gehirn des Kleinkindes auf. Zum Beispiel wird das Kind die Sonne, die Blume, den Stein, das Tier, den Menschen ganz anders wahrnehmen als beispielsweise seine Eltern, die Großeltern oder, im Verlaufe seines Lebens, alle weiteren Menschen, mit denen der heranreifende Mensch zu tun hat.

Gemäß seiner mitgebrachten Ausstrahlung, die sich in den Genen widerspiegelt, und dem, was ihm von den Eltern, Großeltern, Verwandten und Bekannten einprogrammiert wurde, nimmt der Mensch seine Umwelt wahr. Infolgedessen sieht jeder Mensch jeden Menschen anders. Auch seine Umgebung, also alles, was ihn umgibt, wird er wieder anders wahrnehmen als seine Mitmenschen. Jeder wird auch das, was auf ihn zukommt, wieder anders definieren und darlegen. Jeder Mensch und die ihm innewohnende Seele strahlen das aus, was sie als Programme aufgenommen haben.

Durch das Prinzip Senden und Empfangen werden die Gene, wird der ganze Mensch geprägt. Schon der erste Schrei des Neugeborenen beinhaltet die ersten Informationen des kleinen Menschen, dessen Seele sich nun in dieser Welt, auf dieser Erde befindet. Es ist das erste Senden im Erdenkleid. Die Informationen, die im ersten Schrei enthalten sind, die sich in der ersten Körperbewegung ausdrücken, sind schon Daten, die sofort im Computer, in den Gestirnen, gespeichert werden.

Wir erkennen die Genauigkeit der Buchhaltung Gottes. Alles – jede Bewegung, jede Regung, jedes sich aufbauende Programm, auch das Wachstum des Kindes – wird vom großen Speicher der Buchhaltung Gottes auf das genaueste wahrgenommen und registriert. Mit dieser seiner eigenen Speicherung steht der neue Erdenbürger schon in Kommunikation.

Gemäß seinen Programmen, die seine Sende- und Empfangsstation bilden – von der auch die Tagesimpulse ausgehen – reagiert der Mensch. Deshalb verhält sich auch jeder Mensch angesichts der unterschiedlichen Dinge des Lebens anders. Der Seh- und Gehörsinn zum Beispiel wirken eng zusammen. Der Mensch benimmt sich in seinem Leben entsprechend den Programmen, die er über seinen Seh- und Gehörsinn geschaffen, also aufgenommem hat.

Das gleiche gilt für den Geruchs-, den Geschmacks- und den Tastsinn. Was der Mensch gesehen, gehört, gerochen, geschmeckt und betastet hat, das wurde zu seinen Programmen, die auch im Computersystem der Gestirne gespeichert sind.

Vom ersten Schrei des Kindes an läuft der Countdown des Lebens. Diese Abläufe erfolgen im Kosmos und im Menschen. So verhält sich der Mensch, das ist sein Leben. Die gesamte Palette des Fühlens, Empfindens, Denkens, Sprechens und Handelns, der fünf Sinne und des Wollens und Wünschens sind Reaktionsprogramme, Speicherungen in seinem Gehirn und zum Teil auch in seiner Seele. Der Mensch kann also nur aufgrund seiner eigenen Speicherung agieren und reagieren. Darüber hinaus ist nichts möglich, außer, er gibt vorher die entsprechenden Programme ein, was wieder über seine fünf Sinne geschieht.

So ist jeder Mensch ein Computer. Der Mensch hört z.B. Gespräche, und seien es nur Teile davon; er macht sich Gedanken, weil er die Worte, die Begriffe, die Sprache also, gespeichert hatte. Ein Wort ist für den Menschen ein Begriff. Dieses eine Worte ist in ihm gespeichert durch das Erlernen der Sprache. Dieses eine Wort sagt dem einen das, dem anderen jenes, entsprechend dem, was der Mensch als Bild und Wille in dieses Wort hineingelegt hat. Hört er nun dieses Wort, dann entsteht in ihm dieses Bild und sein Wollen. Bild und Wollen bestehen wieder aus den verschiedenen Gedankenverknüpfungen. Aus diesen heraus macht er sich ein neues Bild – entsprechend der Tagesenergie, entsprechend dem Menschen, aus dessen Mund er die Worte gehört hat, entsprechend der Umgebung und nicht zuletzt entsprechend seiner augenblicklichen physischen Situation. Aus diesen oftmals unzusammenhängenden Worten, gleich Begriffen, entstehen dann die weiteren Programme. So, wie sie entstehen, gehen sie in das Oberbewußtsein, in das Unterbewußtsein, einige Zeit später in die Seele und dann in das Computersystem der fallbedingten Makrokosmen ein.

Was der Mensch selbst gespeichert hat, das gibt er von sich. Weil seine Speicherung zugleich in die kosmischen Computersysteme eingegeben wurde, ist er auch in diesem Sinne der Mikrokosmos im Makrokosmos.

Wir rufen mit unseren Speicherungen laufend Informationen aus dieser Informationsquelle der Makrokosmen ab – vorwiegend das, was wir selbst eingegeben haben. Darüber hinaus können wir jedoch andere Informationsquellen ansenden, wenn diese unserem Sendepotential gleichen. Was wir von diesen Quellen empfangen, das nehmen wir zum Teil im Oberbewußtsein wahr, denken darüber nach und erweitern auch so unsere Programme, unser Sende- und Empfangspotential.

Alles ist in allem enthalten. Saat und Ernte zeigen sich in den Bausteinen des Körpers

Auch Steine, Pflanzen und Tiere stehen in Kommunikation mit den drei Makrokosmen. Die Naturreiche sind wie der Mensch verdichtete Energien und sind somit auch mit den Menschen verbunden. Deshalb nehmen z.B. die Tiere von den Menschen Gutes und weniger Gutes auf, auch was der Mensch ihnen zufügt. Die Aktionen der Menschen, die sie wahrnehmen, werden in ihnen nicht zu Belastungen, weil die Tiere nicht sündigen.

Steine, Pflanzen und Tiere auf Erden sind geistige Lebensformen, die mit einem materiellen Kleid umhüllt sind, um uns Menschen zu dienen. Sie sind formgewordene Bewußtseinsgrade im großen geistigen Evolutionsgeschehen. Die geistige Weiterentwicklung einer Lebensform vollzieht sich in den geistigen Entwicklungsebenen des ewigen Seins.

Die Kommunikation zum Schöpfergeist besteht in den Steinen, Pflanzen und Tieren aus den göttlichen Wahrnehmungen. Je nach Entwicklungsstand der einzelnen Lebensform, die in der Evolution steht, um zu einem vollkommenen Geistwesen heranzureifen, empfängt sie vom Schöpfergeist Impulse für die geistige Evolution und Reife. Aus diesen Evolutionsschritten geht der vollkommene Geistleib hervor. Wie sich im ewigen Sein der geistige Leib entwickelt und entfaltet, ähnlich vollzieht sich der Entwicklungsprozeß des Embryos im Leibe der Mutter.

Die Vollreife eines Geistwesens besteht darin, daß sein vollkommener geistiger Leib das komprimierte ewige göttliche Gesetz ist, sein göttliches Erbe.

Die reinen, vollkommenen, göttlichen Wesen besitzen als Ganzes die Unendlichkeit, komprimiert in und um sich selbst. In den geistigen Naturreichen baut sich im Evolutionsprozeß das göttliche Erbe auf, bis alles in allem aktiv ist – der vollkommene geistige Leib, das göttliche Erbe.

Nach dem ewigen göttlichen Prinzip ist alles in allem enthalten. So, wie es im ewigen Sein ist – ähnlich verläuft es auch auf der Erde. Unser menschliches Erbe baut sich durch unser Fühlen, Denken, Sprechen und Wollen auf. Es spiegelt sich wider in und an unserem Körper, so auch in unserem Blut und in den Funktionen unserer Organe. Die Aktionen und Reaktionen in und an unserem Körper werden vom Gehirn gesteuert, das die Programme unserer Gefühls-, Denk- und Sinneswelt enthält.

Der geistige Leib besteht aus geistigen Partikeln. In jedem dieser Partikel ist die ganze Unendlichkeit enthalten. Ähnlich ist es beim Menschen. In jeder Zelle und in jedem Tropfen Blut ist das ganze Menschenbild, sein ganzes Sende- und Empfangspotential enthalten, alles, was gesühnt oder ungesühnt, also bereinigt oder nicht bereinigt ist.

Wir erkennen, auch Saat und Ernte zeigen sich in allen Bausteinen unseres Körpers.

So kann gesagt werden: Ein Tropfen Blut beinhaltet z.B. das, was wir in den Speicher der Gestirne eingegeben haben – vom ersten Schrei des Neugeborenen bis zum letzten Atemzug des Menschen. Ein Tropfen Blut sagt schon aus, wer wir sind. Ein Tropfen Blut läßt auch erkennen, wenn aus dem Kosmos Ursachen wirksam sind oder wirksam werden oder wenn Wirkungen bereinigt wurden. Ein Tropfen Blut weist also das Strahlungsbild der Seele und des Menschen aus.

Blicken wir in die uns teilweise bekannten Abläufe des materiellen Kosmos, dann tun sich uns unter anderem die Galaxien, die Milchstraßen, auf. Diese können wir als die Lymph- und Blutbahnen des Kosmos bezeichnen. In ihnen sind die Abläufe der Lymphe und des Blutes jedes einzelnen Menschen gespeichert. Durch das Prinzip Senden und Empfangen wirken sie auf den Menschen ein.

Wir können den materiellen Kosmos mit einem riesigen kosmischen Menschen vergleichen und jeden Menschen wiederum mit dem Kosmos; deshalb ist der Mensch der Mikrokosmos im Makrokosmos.

Die feinstofflichen Makrokosmen und der grobstoffliche Makrokosmos, alle drei sind aufgebaut nach dem einen Prinzip: Alles ist in allem enthalten – das Kleinste im Großen und das Große im Kleinsten.

Nichts ist Zufall. Zusammenführung von Menschen zum Zwecke der Bereinigung

Der Mensch ist über Fallgedanken durch Kristallisation entstanden; er ist also modifizierter Äther. Über die Bereinigung der Dichte, der Belastung, die oftmals über Inkarnationen erfolgt, beginnt die Seele, wieder reine göttliche Substanz zu werden.

Für den, der von der Reinkarnation weiß, ist das Gesetz von Ursache und Wirkung, das Kausalgesetz, nichts Neues. Ihm ist bewußt, daß alles Negative bereinigt werden muß, wenn nicht in Inkarnationen, dann in den Stätten der Reinigung, im Makrokosmos der Reinigungsebenen. Von dem Alter an, in welchem der junge Mensch zwischen Gut und Böse unterscheiden kann, ist er für sein Leben selbst verantwortlich. Er kann nicht seine Mitmenschen für sein Schicksal verantwortlich machen; denn seine Ernte ist auch seine Saat.

In unserem Leben werden wir nicht weiterkommen, wenn wir für das, was uns beschieden ist, und das, was uns geschieht, unseren Eltern, Großeltern, Verwandten, Freunden, Arbeitskollegen und -kolleginnen, dem Partner oder der Partnerin die Schuld geben. Aufgrund des Prinzips Senden und Empfangen und der Präzision der Buchhaltung Gottes ist kein Zufall möglich. Es ist also, wie schon dargelegt, kein Zufall, daß gerade diese Lebensumstände unser Dasein prägen, daß wir gerade diesen Beruf erlernt haben und mit diesen Kollegen und Kolleginnen arbeiten. Es ist auch kein Zufall, daß wir diese Freunde und keine anderen haben, ebenso, wie es kein Zufall ist, daß wir zu diesem unserem Partner und zu dieser unserer Partnerin fanden.

Das Gesetz von Ursache und Wirkung führt immer wieder Menschen zusammen, die miteinander einiges bereinigen sollen. So sollen uns Zwistigkeiten sagen, was bei uns selbst nicht in Ordnung ist. Streit und Zank mit unserem Partner sagen uns, welche Anteile wir daran haben, was wir erkennen und bereinigen sollen.

Es ist auch kein Zufall, daß wir unter vielen Menschen einen Menschen angenehm finden und uns an seinem Anblick erfreuen. Das sagt uns, daß wir eine positive Verbindung, eine Seelenverbindung, zu ihm haben. Ebenso ist es kein Zufall, daß wir unter vielen Menschen einen Menschen unangenehm finden, daß uns an ihm spontan dies und jenes mißfällt, so daß wir uns darüber erregen, obwohl wir ihn nicht kennen.

Es ist nicht einmal ein Zufall, wenn uns ein Tier anfällt, uns ein Hund anbellt und wir uns darüber erregen, oder wenn wir über einen Stein stolpern.

Es ist kein Zufall, daß unsere Augen an einem bestimmten Gegenstand oder an einem Menschen haften bleiben. Die Gedanken, die wir uns darüber machen, sind für uns von Bedeutung; sie sagen uns, wer wir sind. Auch was in uns entsprechende Gefühle, Empfindungen und Gedanken weckt, von dem, was wir hören, riechen, schmecken und betasten, sagt uns, wer wir sind.

Die Atmosphärische Chronik ist gefüllt. Das Schuldkonto der Menschheit

Unser Leben wird dann interessant, wenn wir bereit sind, uns selbst zu beobachten. Nur dann werden wir gewahr, wer wir als Mensch noch sind und was wir in die Gestirne, in den Kausalcomputer, eingegeben haben.

Geht es uns heute gut, dann ist auch dies eine Strahlung aus den Gestirnen. Fühlen wir uns heute unpäßlich, dann ist nicht der Nächste daran schuld – wir selbst haben das Ungute, das Unpäßliche irgendwann ausgesandt und empfangen es nun wieder. Es will uns anregen, über unsere Gefühle, Empfindungen und Gedanken nachzudenken, so daß wir uns selbst erkennen und das Menschliche bereinigen. Auf diese Weise polen wir das Negative um und erlangen positive Energie.

Im All geht nicht ein Jota verloren. Zum Beispiel ist jedes Haar auf dem Kopf jedes einzelnen Menschen gezählt. Alles ist registriert. Auch der Sperling, der vom Dach des Hauses fällt, ist im Speichersystem verzeichnet und kann nur deshalb vom Dach fallen, weil nun für ihn die Zeit auf dieser Erde abgelaufen ist und die Gestirne das Hinscheiden für den Sperling eingeleitet und ausgeführt haben.

In der Atmosphäre besteht eine geistige Schicht. Sie wird von den geistig Wissenden die Chronik der Menschheit genannt. Sie beinhaltet die Geschichte der Menschheit aller Generationen. Alles, was Menschen jemals gefühlt, empfunden, gedacht, gesprochen und getan haben, das auf der Erde getilgt und bereinigt werden soll, bleibt in dieser Atmosphärischen Chronik bestehen.

Stirbt ein Mensch, der zum Beispiel an dem Schicksal eines Volkes oder an dem Schicksal mehrerer Menschen beteiligt ist, dann verbleiben diese Ursachen, diese Abläufe von menschlichen Verflechtungen, in dieser geistigen Schicht. Diese Ursächlichkeiten sind auch im Kausalcomputer registriert. Nur die Lebensprogramme, welche die Seele als Mensch gebraucht hat, um auf der Erde zu leben, sich auszudrücken und zurechtzufinden, werden nach Ablauf der Inkarnation gelöscht; es sind die Programme der Sprache, die schulischen Programme, die Programme der Nahrungsaufnahme, der Verständigung usw.

In der Atmosphärischen Chronik sind auch jene Gesetzmäßigkeiten Gottes enthalten, welche der Menschheit durch Jesus von Nazareth, durch die Propheten und Erleuchteten gegeben wurden. Weil diese gegebenen göttlichen Gesetzmäßigkeiten von der Menschheit angehört wurden, vieles davon in Büchern festgehalten, jedoch noch nicht erfüllt wurde, blieben diese in der Atmosphärischen Chronik und sind auch im Kausalcomputer registriert. Diese verschmähten Gaben Gottes, deren Verwirklichung zu einem glücklichen, zufriedenen und gesunden Leben der Menschen und zur Einheit mit der Erde geführt hätte, sind das Schuldkonto der Menschheit. Jeder einzelne – ob er gegenwärtig Mensch oder Seele ist – ist an diese Völkerschuld gebunden, wenn er zur Schändung der Erde und zur Schädigung von Menschen und den Naturreichen beigetragen hat.

Wer sich z.B. christlich nennt und nicht christlich lebt, ist an dieser Kollektivschuld mitbeteiligt. Die Schuld der Christenheit besteht im Sündigen trotz besseren Wissens; denn dic Christen kennen die Zehn Gebote und die Bergpredigt. Das Schuldkonto besteht unter anderem aus dem Verursachen von Kriegen, Verwüstungen, Vergiftung der Erde und der Gewässer, aus der Schuld am Leiden der Tiere und der Pflanzen und nicht zuletzt an der Zerstörung der Ozonschicht der Erde.

In dieser geistigen Schicht, der Atmosphärischen Chronik, sind auch die Versuche und Ausführungen ehemaliger Wissenschaftler gespeichert, die – wie schon dargelegt – auf mannigfache Art und Weise in dieser Welt ihre menschlichen Errungenschaften weiterführen wollen. Auch die theologischen Lehrmeinungen und Ansichten sind gespeichert, und zwar so lange, bis sie in dieser Welt aufgehoben, das heißt ausgelöscht, gleich umgewandelt, werden. Auch die nicht getilgten Ursachen, welche die Staatsmänner verschiedenster Generationen gesetzt haben, bleiben und wirken wieder auf diese Welt, auf jene Menschen ein, die daran mitbeteiligt waren und sind.

Solange das, was die verschiedenen Speicher tragen, nicht getilgt und dadurch umgewandelt wurde – von negativer, also heruntertransformierter Energie zu positiver Energie, zu Gottesenergie –, nimmt das Kausalgesetz Einfluß auf die Menschheit. Solange der einzelne – und, im Gesamten gesehen, die ganze Menschheit – sich nicht besinnt und umkehrt, das heißt, die gegebenen Gottesgesetze anwendet, schaffen der einzelne und somit die ganze Menschheit weitere Ursachen. Die ganze Menschheit – alle Völker – wird unter diesen Ursachen zu leiden haben.

Die beiden Makrokosmen, die Computer der Reinigungsebenen und der Materie, und so auch die Atmosphärische Chronik, können kaum mehr negative Energie speichern, weil das positive Potential weitgehend aufgebraucht, das heißt heruntertransformiert ist. Da die Computer immer rascher die Speicherung ihren Programmierern, den Menschen, zusenden, erfährt die ganze Menschheit sich selbst – jeder einzelne das, was er gesät hat. Sich erfahren heißt: Jeder einzelne bekommt das zurück, was er eingegeben hat; er erfährt es in und an sich selbst, in Form von Leid, Krankheit, Siechtum, Hunger oder Tod, Zerrüttung und vielem mehr.

Der Kausalcomputer räumt auf. Die Wirkungen brechen über die Menschheit herein

Das Bild dieser Welt heute ist jene Welt, welche Generationen geschaffen haben und die aus den Reflexionen unzähliger Menschen verschiedener Generationen besteht, die immer wieder kamen und diesen Zustand der Welt mit prägten.

Wir erkennen in unserer Zeit: Der Kausalcomputer räumt auf der Erde auf – die Ursachen zeitigen die Wirkungen. Überall in dieser Welt sehen wir den Zerfall durch Terror, Zerstörung der Einrichtungen, Plünderungen, Kriege, Totschlag, Naturkatastrophen, Krankheiten, Hunger, Seuchen und vieles mehr.

Die Ölbrände von Kuweit, welche eine Naturkatastrophe größten Ausmaßes ausgelöst haben, sowie auch die vielen Lecks an Öltankern, deren Inhalte sich in die Meere ergossen, sind Wirkungen der ehemals geschaffenen Ursachen. Denken wir ebenso an die verunreinigten Abwässer mit ihren vielen Schadstoffen, unter denen Pflanzen und Tiere leiden, und an die immer dünner werdende Ozonschicht der Erde.

Jeder von uns muß sich die Frage stellen: Wie lange kann der Mensch unter diesen eskalierenden Wirkungen noch leben? Wenn wir die ganze Filmspule unserer Ursachen aufrollen, können wir sagen: Die Zustände sind unhaltbar; das Leben in dieser Dichte ist auf dieser Erde nur noch bedingt möglich – auch dann, wenn die Genetiker mit ihren Genmanipulationen in Gottes geniale Schöpfung eingreifen wollen, um, wie sie glauben, zu retten, was noch zu retten ist.

Unsere alte Welt, auf die wir einst so stolz waren, vergeht. Viele Völker, also unzählige Generationen, haben sie geprägt und dazu beigetragen, daß sich nun diese Dichte, diese sündhafte Welt, auflöst. Mit dem Wort „Welt" ist nicht die Erde gemeint, sondern alle Einrichtungen, welche durch Menschen aus materialistischem Denken und Streben, aus der Ichbezogenheit heraus, geschaffen wurden. Diese Welt besteht also aus dem begrenzenden Mein und Mir, aus Besitz und Habenwollen, aus Zwang, Diktatur, Macht, Sklaverei und weiterem mehr.

Auch Krankheiten, welche die Ärzte nicht mehr diagnostizieren können, nehmen an Ausmaß zu. Plötzlich brechen sie über den einzelnen herein, weil das Fassungsvermögen des Kausalcomputers überschritten ist und der Mensch alle Warnungen von sich gewiesen hat.

Eine schwere Krankheit kann sich über Generationen aufbauen, dann, wenn die immer wiederkehrende Seele eines Menschen dort weiter sündigt, wo sie als Mensch in Vorexistenzen aufhörte. Eines Tages ist es soweit: Die Sterne regnen gleichsam wie die Wolken die Ursachen auf die Seele und auf den Menschen herab, der seine Seele umwölkt, das heißt belastet hat. Die Auswirkung einer großen Schuld kommt unter

Umständen erst in der zweiten, dritten oder vierten Wiedereinverleibung zur Wirkung. Wann es soweit ist, das bestimmt der Kreislauf des Kausalstromes, das Kausalgesetz, in welchem die Ursachen jedes Menschen gespeichert sind.

Zeit der Ernte. Ohne den Weg des Erkennens und Bereinigens von Ursachen: Abtragung

Die Sprache der Himmel ist die Sprache des Bildes, in der Farbe, Form, Duft und Klang ihren Ausdruck finden. Ähnlich ist es auf der Materie. Unsere Gefühls-, Empfindungs- und Gedankenwelt, unsere Worte und Handlungen bestehen ebenfalls aus Bildern, die in sich Ton, Farbe, Duft und Klang bergen.

Das geistige Leben ist das Sein; denn jedes Geistwesen lebt im Sein, im reinen Gesetz, Gott. Jeder Mensch hingegen lebt sein persönliches Sein, woraus sich sein individuelles Leben gestaltet, das wie auf einer Filmspule festgehalten ist. Diese trägt die Kausalbilder, die sich nun mehr und mehr jedem einzelnen, der sie geschaffen hat, zeigen, weil der Kausalcomputer im Begriff ist, aufzuräumen. Jetzt ist die Zeit der Ernte – nicht mehr die Reifezeit, in welcher Mahnungen und Warnungen der ganzen Menschheit zuteil wurden.

Die göttliche Kommunikation – gleichsam die göttliche Sprache – vollzieht sich bildhaft. Das Leben jedes einzelnen Menschen und die menschliche Sprache verlaufen ebenfalls in Bildern.

Was im Himmel ist, ist auch auf der Erde – nur umgepolt, heruntertransformiert und in die Welt der Sünde gezogen. Z.B. besteht eine Krankheit aus einem oder mehreren Bildkomplexen, aus verschiedenen Ursächlichkeiten, die zu einer Ursache, zu einem Bild oder zu einer Bilderfolge im Kausalcomputer zusammengefaßt sind. Eine Krankheit ist also unser Krankheitsbild, ein Komplex oder Komplexe unserer Menschlichkeiten. Eine Krankheit ist gebundene Energie.

Brechen unsere Ursachen über uns herein, erkranken wir, dann vollzieht sich dies, vom Kausalcomputer ausgehend, über unsere Seele in den Körper. Der Komplex oder die Komplexe in der Seele kommen durch die Einstrahlung der Gestirne in Vibration. Es entsteht also eine Wellenbewegung. Diese Wellen – gleich Schwingungen – entladen sich im Körper und bewirken in den Zellen und Organen und im Blutkreislauf das, was wir verursacht haben, einen Energiestau.

Was also der Mensch zu tragen hat, ist seine Ursache, die nun wirksam wurde. Jeden Menschen zeichnet nur das, was er selbst zuvor als Bild gezeichnet hat durch sein Fühlen, Empfinden, Denken, Reden und Handeln, durch Streit,

Zank, Neid, Feindschaft, durch drängende Wünsche, durch Leidenschaften und Sehnsüchte.

Die Seele im Erdenkleid befindet sich in der Lebensschule Erde, um ihre Ursachen zu erkennen und sie mit Christus auf dem Weg der Reue, der Bereinigung und Wiedergutmachung abzulegen und dann das Menschliche, das Erkannte, nicht mehr zu tun. Kehren wir in der Wirkung, in der Krankheit z.B., nicht um, gehen wir also nicht den Weg der Reue und Bereinigung, dann werden wir über unser Krankheitsbild noch weitere Ursachen schaffen. Dadurch können wir unseren Krankheitskomplex erweitern oder einen neuen Komplex schaffen, der unserer Krankheit ähnlich ist, z.B. Unfall, Siechtum, Hunger und dergleichen. Nach einer geraumen Zeit – und diese läuft immer rascher ab – kommt das, was wir in unsere Seele und in den Kausalcomputer erneut eingegeben haben, wieder auf uns zu. So befinden wir uns weiterhin im Kreislauf von Ursache und Abtragung.

Da der Kausalcomputer kaum mehr Speicherung aufnimmt, ist es möglich, daß die von uns neu geschaffenen Ursachen unmittelbar zum Tragen kommen, so daß zu einer Krankheit noch eine weitere hinzukommt oder ein Unfall oder Siechtum oder sich die Krankheit verschlimmert und weitere Organe befällt – je nachdem, was wir neu geschaffen, also eingegeben haben.

Fallen wir in ein Siechtum, weil immer mehr Organe funktionsuntüchtig werden, so daß die

Zellverbände kaum mehr oder keine Kommunikation mehr zum materiellen Kosmos herstellen können, dann bedeutet dies, daß der physische Leib allmählich stirbt.

Weil also diese Welt dem Abgrund zusteuert, beginnt jetzt schon auf der Erde ein Massensterben von Menschen, Tieren und Pflanzen. In Kürze werden ganze Völker hinscheiden, weil sich der Kausalcomputer entlädt. Das bedeutet, daß auch viele Gestirne in sich zusammenfallen werden, wenn zu diesen Planeten kaum mehr Kommunikationen bestehen, weil sich die Erde der Ursachen entledigt.

Zerfallen Sterne, dann wandelt sich diese Energie in eine andere um, eventuell in Bereitschaftsenergie, um wieder neu geboren zu werden – dann, wenn sich wieder viele Seelen inkarnieren, also viele Menschen geboren werden oder auch erneut Tiere und Pflanzen entstehen.

Die kosmischen Massengräber, die schon erwähnt wurden, bestehen aus zerfallenen Sternen, die eine unvorstellbar große Dichte an Materie aufweisen. Es sind die sogenannten Schwarzen Löcher. Aus dieser Masse von hoher Dichte an Materie kann auch ein Teil umgewandelt, das heißt von negativer in positive Energie verwandelt werden und so allmählich die Assimilation an die Gottesenergie erlangen. Denn Gott, das Leben, ist in allem gegenwärtig und somit auch der Umwandler des Negativen zum Positiven.

Ein anderer Teil besteht aus der sogenannten Bereitschaftsenergie. Aus diesem Energiepotential bauen sich dann wieder ein oder mehrere neue materielle Sterne auf. Aus Supernovas können dann wieder neue Speichersterne entstehen. Voraussetzung ist jedoch, daß auf der Erde wieder Menschenkörper gezeugt werden und sich Tiere und Pflanzen vermehren können.

Nach dem Gottesgesetz heißt es: Leben retten – jedoch nicht Leben verlängern. Da viele Eingriffe in den physischen Körper und auch Medikamente darauf ausgerichtet sind, das Leben der Menschen zu verlängern, werden wir bald feststellen, daß auch diese Eingriffe und Medikamente in unserer Zeit kaum mehr Hilfe bringen können, weil sich die kosmische Strahlung grundlegend verändert und dementsprechend auf den Menschen und die Medikamente Einfluß nimmt.

Wer sich mit dem Gesetz von Saat und Ernte, gleich Senden und Empfangen, vertraut gemacht hat, dem wird bewußt, daß der physische Leib einzig durch Eingriffe, Operationen, Bestrahlungen und Medikamente nicht gesunden kann, da jede Krankheit seelisch – gleichsam kosmisch – bedingt ist, weil die Ursachen, die zur Krankheit geführt haben, sowohl in der Seele als auch im Kausalcomputer gespeichert sind.

Alles, was dem Menschen widerfährt – z.B. ein Schicksalsschlag, Leid, Hunger, Not, Krankheit, Siechtum – kommt über den Kausalcomputer und die Seele in den Körper. Infolgedessen kann weder die Seele noch der Kausalcomputer mit dem Eingriff in den Körper stillgelegt und auch nicht mit Bestrahlung und Medikamenten geheilt werden. Auf diese Weise kann zwar Linderung geschaffen werden, jedoch niemals eine Heilung.

So mancher Mensch wähnt sich nicht krank, und doch hat er seine Krankheit schon in sich. Sie ist nur noch inaktiv und zeigt sich daher nicht als Krankheitsbild. Krank sein heißt also nicht nur, spürbar krank zu sein, sondern auch das inaktive Krankheitsbild schon in sich zu tragen.

Auch über die neuzeitliche Genmanipulaton kann auf die Dauer nichts bewirkt werden; ganz im Gegenteil, der Mensch wird sich durch Genmanipulation noch mehr belasten. Unsere Ursachen können wir also nicht mit dem Eingriff in den Körper beheben, auch nicht durch Manipulation unseres Erbgutes.

Ein guter Arzt kann lindern, jedoch niemals allein von sich aus eine Tiefenheilung vornehmen. Das kann nur in Verbindung mit dem Patienten geschehen, der sich auf den Lebensweg der Selbsterkenntnis und Bereinigung des erkannten Menschlichen begibt. Und: Niemals heilt der Mensch. Immer ist es der Innere Arzt und Heiler, Christus, der – über die göttlichen Lebenskräfte im Menschen – wahre Heilung bewirkt.

Schwere Medikamente können eine Krankheit in die Seele zurückdrängen. Was aufgeschoben ist, ist jedoch nicht aufgehoben. Was aufgeschoben ist, wird wieder aufbrechen – entweder im Menschen in diesem Erdendasein oder erst in der Seele in den Stätten der Reinigung oder in weiteren Einverleibungen, sofern sich die Seele wieder einen neuen Körper suchen kann, wenn also für die Seele noch eine Inkarnationsmöglichkeit besteht.

Das göttliche Erbe des Menschen ist der geistige Leib; sein satanisches Erbe sind die Ursachen, die er selbst geschaffen hat

Der Kausalcomputer ist voll aktiv. Die Zeit eilt. Wie im Flug gehen die Jahre dahin und zeigen das Untergehen der Welt an.

Durch die verstärkte Ausgießung der Negativenergie aus dem Kausalcomputer werden auch die Völkerwanderungen angeregt, so daß sich in kurzer Zeit viele Menschen begegnen, um das miteinander bereinigen zu können, was sie aneinander bindet. Viele Völker leiden unter schwersten Krisen, unter Hunger und unter Bürgerkriegen. Zwistigkeit und Haß reichen sich die Hand. Seuchen und Krankheiten aller Art raffen die Menschen hinweg.

Noch immer ist diese Welt die Hochburg der Dämonen. Die Erde ist ihr Stützpunkt, auf dem sich der Sieger zeigen wird – dann, wenn der Besiegte seine Macht verloren hat.

Die Dämonen geben noch nicht auf. Sie glauben, den letzten Trumpf ausspielen zu müssen, um Gott in die Knie zu zwingen. Dafür haben die Gegenspieler Gottes Generationen lang Vorarbeit geleistet. Es handelt sich um die Gentechnik.

Über Generationen hinweg kamen die Forscher und die Wissenschaftler, erforschten, erprobten und konstruierten, bis es nun im breiten Spektrum anwendbar scheint: die Manipulationen des Erbmaterials an Menschen, Tieren und Pflanzen und die Verpflanzung von Erbteilen, also von Genbruchstücken.

Der Gegenspieler Gottes ist immer noch der Ansicht, Gott, das Allgesetz, bezwingen zu können. Vom Beginn des Fallgeschehens an polen er, der Dämon, und seine Helfershelfer die Leihgabe Gottes, einen Teil göttlicher Energie, für gegensätzliche Zwecke um. Was weiß, also rein war, das hat der Gegenspieler schwarz, also sündhaft gemacht.

Aus dem Teil geliehener Energie der göttlichen Ordnung machte er Unordnung;
aus dem göttlichen Willen, der frei macht, konstruierte er den Eigenwillen
und den Zwang;
aus der göttlichen Weisheit machte er
den Intellekt;
aus dem göttlichen Ernst die Leichtfertigkeit;
aus der göttlichen Geduld die Ungeduld;

aus der selbstlosen, göttlichen Liebe
die Eigenliebe;
aus der göttlichen Barmherzigkeit die
Unbarmherzigkeit und die Gnadenlosigkeit.

Das Unreine ist das Kausalgesetz, in welches jeder Mensch seinen Kausalanteil, seine Ursachen, eingab und eingibt, um sie wieder zu empfangen.

Die sieben Grundkräfte Gottes sind das göttliche Gesetz, das von Gott jedem göttlichen Wesen als geistiges Erbe gegeben wurde. Das göttliche Erbe, das komprimierte göttliche Gesetz, ist der geistige Leib aller reinen Wesen. Die umgepolten, geliehenen Lebenskräfte aus den sieben Grundkräften Gottes sind das Satanische und sind das Erbe jedes Menschen, soweit er gegen diese göttlichen Gesetzmäßigkeiten verstoßen hat.

Das satanische Erbe – die Ursachen – ist umgepolte, verdichtete göttliche Energie, die jeder Mensch gemäß seinen Zuwiderhandlungen gegen das Gesetz Gottes geschaffen und entsprechend mehrfach gespeichert hat. Durch die Strahlungen des Gespeicherten werden die Ursachen in der Seele aktiv und, von der Seele ausgehend, auch im Genmaterial des Menschen.

Jede Ursache ist ein Teil des menschlichen Erbgutes, das aus einem oder mehreren Programmen besteht. Es ist also das Erbmaterial jedes einzelnen Menschen. Entsprechend den

Ursachen, den geschaffenen Programmen, dem Erbmaterial, verläuft das Leben des einzelnen.

Da jeder sein Menschliches, sein Sündhaftes, also sein persönliches Erbgut erkennen und bereinigen soll, um wieder zu seinem Ursprung, zu seinem göttlichen Erbe, zu den sieben Grundkräften Gottes, zu finden, muß er den Weg der Selbsterkenntnis und der Bereinigung seines Sündhaften gehen.

Wenn er das, was er bei sich selbst erkannt hat – seine Ursachen – nicht mehr tut, dann schafft er sich ein neues Lebensprogramm, eventuell mit höheren Idealen und Werten. Auf diesem Weg findet er ganz allmählich zu seinem göttlichen Erbe, weil er sein Sündhaftes, sein satanisches Erbe, den Teil der umgepolten sieben Grundkräfte Gottes, mit dem Christusgeist wieder ins Positive, ins Göttliche, umkehrt, indem er mehr und mehr nach den göttlichen Gesetzen lebt.

Weil die Masse der Menschen das Prinzip der Umkehr vom satanischen Erbe zum göttlichen Erbgut nicht vollzog und vollzieht und der einzelne Mensch darum immer mehr Ursachen schuf und schafft, wurde das physische Erbmaterial immer stärker belastet. Diese Belastung kommt nun zur Auswirkung.

Das Ziel der Dämonen: ein neuer materieller Makrokosmos

Der Kausalcomputer entleert sich. Das bedeutet, daß im materiellen Speichersystem immer mehr „Schwarze Löcher" entstehen werden. Die Schwarzen Löcher, die mit einem Staubsauger vergleichbar sind, nehmen jene Gestirne auf, die kaum mehr Kommunikation zur Erde, zu Menschen, Pflanzen, Tieren und Steinen haben, da deren Leben zurückgenommen wird. Dadurch werden viele Speicherplaneten nicht mehr benötigt.

Aufgrund des deformierten und geschädigten Erbmaterials scheiden viele Menschen hin, und viele tragen in ihrem Blut schon das Zeichen des Todes. Auch viele Tierarten und Pflanzengruppen sterben aus, da sie auf der verunreinigten Erde und unter der immer dünner werdenden Ozonschicht nicht mehr lebensfähig sind.

Durch den sich verändernden materiellen Makrokosmos kommt der Gegenspieler Gottes in eine Zwangssituation. Wie er sich schon immer der himmlischen Prinzipien bemächtigte, sie umdrehte und sie sich in ihrer negativen Umpolung dienstbar machte, so will er sich nun auch der Verheißung Gottes bemächtigen, die sinngemäß lautet: „Ich schaffe einen neuen Himmel und eine neue Erde." Weil es ihm bisher gelang, die geliehene Gottesenergie umzupolen, ist er nun der Ansicht, es müsse ihm auch ein neuer Himmel und eine neue Erde gelingen, mit neuen Menschen, Pflanzen und Tieren.

Wie der Dämon bisher mit der Gottesenergie manipuliert hat, glaubt er nun, mit der Genmanipulation auf der Erde ein neues Reich mit Menschen, Tieren und Pflanzen errichten zu können – sein Reich – und zugleich einen neuen materiellen Makrokosmos, denn durch die Schaffung neuer Menschen und Naturreiche muß sich auch ein neuer materieller Makrokosmos bilden, weil alles auf Kommunikation beruht. Dies weiß der Dämon, und mit diesem Wissen arbeitet er. Seine Rechnung wird dennoch nicht aufgehen – weil Gott der Große, der Absolute ist. Er steht über dem eingeschränkten Bewußtsein.

Der Widersacher Gottes ist der Ansicht, daß er auf der Erde durch Genmanipulation wirksam werden muß, um neue Programme zu schaffen, damit aus den Schwarzen Löchern, aus der Bereitschaftsenergie, wieder neue Sterne entstehen mit den Programmen jener Menschen, die er manipulieren ließ oder die ein manipuliertes, seelenloses Menschengeschlecht aussendet. Das gleiche gilt für manipulierte Tiere und Pflanzen und für Neuschaffungen in den Naturreichen durch die Manipulation der Gene.

Vergegenwärtigen wir uns, was durch Manipulation des physischen Erbgutes alles geschehen kann. Ich wiederhole: Mit diesem letzten Auftakt der Genmanipulation vor dem Untergang dieser Welt glaubt der Dämon, einen neuen kosmischen Computer aufbauen zu können. Seine Absicht ist, über die Genmanipulation – denn jede Manipulation trägt auch das Prinzip Senden und Empfangen – die Bereitschaftsenergie, die in den schwarzen Löchern des materiellen Kosmos enthalten ist, anzusenden, um daraus einen neuen materiellen Makrokosmos aufzubereiten.

Erbinformationen – das Sendepotential des persönlichen Lebens des Menschen

Die Gene tragen die Erbinformationen der Zellen. Diese befinden sich im Zellkern und dort in den Chromosomen. Alle Gene sind Träger von Informationen, von entsprechendem Potential des Sendens und Empfangens. Dieses Potential, diese Informationen, sind Programme, die sich der Mensch durch sein Fehlverhalten, durch sein sündhaftes Leben, geschaffen hat. Je nach Erbinformation sendet und empfängt die Zelle und über die Zelle hinaus die Seele und wiederum der Kausalcomputer.

Das menschliche Erbmaterial entspricht vergleichsweise einer umfangreichen Bibliothek mit Milliarden von einzelnen Buchstaben, also genetischen Informationen, genetischen Bausteinen. Jede einzelne Zelle, welche die Bausteine unseres Erbgutes trägt, sendet und empfängt. Wir können uns ungefähr vorstellen, wie viele Programme wir uns als Menschen geschaffen haben!

Diese Informationskette hat sich im Laufe der Menschwerdung gebildet. Sie entstand durch den ersten Fallgedanken, durch Gegensätzlichkeiten, die sodann in der Seele zu Informationen, zu Programmen, wurden. Als sich der Mensch dann so weit durchstrukturiert hatte, daß er zeugungsfähig wurde, inkarnierte sich eine Seele – z.B. ein Fallwesen – und strahlte ihre mitgebrachten Informationen in den sich aufbauenden physischen Körper im Leibe der Mutter.

Das gleiche geschieht heute noch. Die Seele geht zur Inkarnation und strahlt ihre mitgebrachten Informationen, das Positive und das Negative, in den Embryo, der sich allmählich zu einer physischen Hülle der Seele aufbaut. Was in der Seele gespeichert ist, das wird zum Erbgut des kleinen Menschen. Am Aufbau der Zellstruktur und des Genmaterials des Embryos sind auch die Eltern mitbeteiligt.

Die Gene tragen also alle Informationen, das Sendepotential des persönlichen Lebens, die Belastungen der Seele und auch ihre lichten Seiten. Auch alle Anlagen und Fähigkeiten, die sich ein Mensch in diesem Leben oder in Vorinkarnationen angeeignet hat, werden zum Erbgut. Die beruflichen Fähigkeiten, erlerntes und angewandtes Wissen in Handwerk, Wirtschaft, Wissenschaft, Theologie, die Fähigkeiten eines Arztes oder die Talente eines Musikers oder eines Sängers kommen entweder aus der Erbinformation des Menschen oder gehen als Erbinformation in die Erbsubstanz ein – dann, wenn sich der betreffende Mensch entsprechend geübt hat.

Was sich also der Mensch in Vorexistenzen angeeignet hat, das ist sein mitgebrachtes Erbgut. Was er sich in diesem Leben zu eigen macht oder aufgrund seiner Anlagen und Fähigkeiten weiterführt, wird zu seinem Erbgut. Es sind also immer wieder Programme, Informationen, die senden und empfangen.

Alle Erbinformationen kommen aus der Seele und dem Menschen oder gehen durch die Umsetzung der Erbimpulse wieder in die Erbanlagen ein und werden dort zu weiteren Programmen. Die physischen Erbanlagen sind in der Partikelstruktur der Seele gespeichert und wiederum in den Gestirnen. Das Sendepotential des einzelnen Menschen ist also weit verzweigt.

Ich wiederhole: Was ein Mensch im Laufe seines irdischen Werdegangs überlegt und ausgeführt hat und mit Leidenschaft durchführte, ist, wie vieles mehr, im Erbmaterial des Betreffenden festgehalten. Auch kriegerische Ausschreitungen, Haß, Neid, Feindschaft, Streit und eventuell Mord oder Totschlag registriert das physische Erbgut, dann die Seele in ihrer Partikelstruktur und über diese die Gestirne.

Alles ist Information, und alles ist gespeichert.

Impulsgeber für Informationen: Speichersterne des materiellen Kosmos und der Reinigungsebenen

Wenn es die genetische Information gibt, dann müssen auch aus einer oder aus mehreren Quellen die Impulse kommen. Ein Beispiel: Nehmen wir aus einer Bibliothek ein Buch, dann werden wir das Buch aussuchen. Uns muß jedoch zuerst einmal bewußt sein, welches Buch wir der Bibliothek entnehmen wollen. Sind in diesem Beispiel ausschließlich wir der Impulsgeber – oder woher kommen die Impulse, die in etwa lauten: „Greife nach diesem oder jenem Buch"?

Wir Menschen glauben, aus uns selbst heraus logisch zu denken. Für viele ist dies keine Frage, denn sie sind der Ansicht, diese Impulse zu den Gedanken kämen aus ihrem Gehirn, weil dieses die Steuerzentrale unseres Körpers sei.

Wer die vorausgehenden Ausführungen gewissenhaft gelesen hat, der weiß, daß die Impulse nicht vom Gehirn ausgehen, sondern nur über das Gehirn laufen. Viele meinen, das Gehirn sei selbständig, autonom; es gehorche einzig dem Willen der Person. Doch:

Nach dem Prinzip Senden und Empfangen besteht alles aus Kommunikation. Infolgedessen gibt es nichts Selbständiges. Allem liegt das Prinzip Senden und Empfangen zugrunde.

Unser Gehirn besteht aus Zellen. Diese lebendigen Bausteine enthalten unzählige Speicherungen, also Programme – die senden und empfangen.

Die ganze Unendlichkeit ist ein lebender Organismus, zu dem jeder Mensch, jeder Baustein des Menschen und jeder Baustein der Natur gehört. Das Leben dieses riesigen Organismus kommt von Gott, denn Gott ist Leben.

Nichts ist aus sich selbst heraus lebensfähig, weil es keine selbständige Energie hat. Alles ist nur lebensfähig, weil die Energie, Gott, das Ganze erhält. Gott ist die erhaltende Lebensenergie auch in den Bereichen des Falls. Die erhaltende Lebensenergie ist ebenfalls im Sendepotential jedes einzelnen Menschen, in seinem Menschlichen, seiner Welt der Kommunikation, die im Kausalcomputer gespeichert ist.

Der Träger des Lebens und das Leben selbst ist Gott. Wer keine Kommunikation zu Gott hat, der hat einzig Kommunikation zu dem, was er in den Kausalspeicher eingegeben hat. Wer in seinem Denken und Leben also nicht auf Gott ausgerichtet ist, empfängt aus dem Kausalbereich die Impulse, „seine" Ideen, „seine" Gedanken, „seine Einfälle" – nicht von Gott.

Spricht nun die Wissenschaft von Genmanipulationen, so müssen wir uns die Frage stellen: Wer ist der Impulsgeber? Woher kommen die Anregungen, das Genmaterial verändern zu wollen?

Gehen wir auf das Prinzip Senden und Empfangen zurück. In jedem Gen, also in jeder Zelle, sind unendlich viele Programme; es sind Informationen, die wir uns in den verschiedenen Erdenleben angeeignet haben; denn was die Seele gespeichert hat und wieder in ein neues Erdenkleid mitbringt, das ist dann auch das Genmaterial des Menschen.

Die Programme in unseren Gehirnzellen bestehen aus dem Angelernten und Angeeigneten. Weitere Programme unseres Gehirns wurden von uns gemäß unserer Seelenausstrahlung, nach den Seelenimpulsen, aufgebaut; denn die Seele sendet unermüdlich in und durch ihren Leib. Diese Programme gleichen annähernd unserem Genmaterial. Sie sind, soweit sie aktiv sind, unser Sendepotential.

Bewußt oder unbewußt nehmen wir auch über die Speichersterne Impulse auf oder von Menschen und von Dingen, die wir über unsere Sinne wahrnehmen. Beschäftigen wir uns damit eine geraume Zeit, dann aktivieren wir entweder die schon vorhandenen Programme im Gehirn und bauen darauf auf, oder wir schaffen neue Programme, die wiederum ihren Weg über die Seele in die Gestirne nehmen. Was wir davon nicht sofort – das heißt nicht täglich – brauchen, das legt das Gehirn in eine tiefere Etage, in das Unterbewußtsein. Was jedoch im Gehirn, im Ober- und im Unterbewußtsein, gespeichert bleibt, das gelangt auch in das Genmaterial und in die Seele und in die Speicherplaneten. Infolgedessen kommen die Impulse, welche in unserem Gehirn wirksam werden, aus den Bereichen oder Regionen der Gestirne, wo unser Fühlen, Empfinden, Denken, Sprechen, Handeln, unsere Leidenschaften, Sehnsüchte, Wünsche, unsere Eignungen, Berufserfahrungen, Erfindungen und dergleichen gespeichert sind.

Der Mensch, eine riesige Sende- und Empfangsstation. Genmanipulation: Fremdprogramme überlagern das physische Erbgut und das göttliche Erbe

Die ganze Unendlichkeit verläuft in Rhythmen, so auch alles, was wir in die Planeten eingegeben haben, und somit auch unser Leben. Durch die beständige Bewegung des Alls kommen unsere Eingaben, das, was in den Planeten gespeichert ist, zum Schwingen. Es schwingt dann auch in unserer Seele, überträgt sich auf unser Gehirn und von unserem Gehirn auf unsere Gene. Es sind die Informationen, von denen wir oftmals sagen „Was habe ich nun gedacht?" oder „Diese Gedanken sind genial". Es können Bausteine für eine Erfindung oder für eine weitere wissenschaftliche Ausführung sein.

Nun erkennen wir den gesamten Kreislauf, ausgehend vom ersten Fallgedanken, wie Gott sein zu wollen, bis hin zum Menschen – vom Menschen in den Kausalcomputer, vom Kausalcomputer in die Seele, von der Seele in das Gehirn des Menschen und vom Gehirn in die Gene.

Die Kette der unzähligen Impulse nimmt immer wieder Einfluß auf unser Erbmaterial. Jedes Gen hat also ein großes Sende- und Empfangspotential, je nachdem, was der Mensch gefühlt, empfunden, gedacht, gesprochen und wie er gehandelt hat. Daraus folgt: Der ganze Mensch ist eine riesige Sende- und Empfangsstation.

Ähnlich einem Planeten, der am Firmament seine Bahn zieht, sendet der Mensch unvorstellbar viele Programme aus. Das heißt, daß der Mensch – der aus unzähligen Programmen besteht, einschließlich denen der Gene – Strahlungen und Informationen aufnimmt wie ein hochkarätiges Rundfunkgerät.

Das geistige Gesetz lautet: Alles ist in allem enthalten. Demnach sind in der Seele des Menschen und auch im physischen Leib die Abläufe der Naturreiche programmiert. So setzen sich bestimmte Informationen in chemische Programme um, die wiederum den Stoffwechsel im Körper ablaufen lassen.

Der Mensch ist ein Naturkörper. Er steht mit der Natur in Kommunikation. Die Seele ist ein geistiger Körper. Sie steht mit dem im Austausch, was sie gespeichert hat: Ist Göttliches in ihr aktiv, dann kommuniziert sie mit dem göttlichen Makrokosmos. Hat sie Ungöttliches, also Sündhaftes, gespeichert, dann steht sie mit dem

Makrokosmos der Reinigungsebenen und mit dem materiellen Kosmos in Kommunikation, wenn sie sich durch ihr Verhalten als Mensch ihre Reinkarnation vorgibt, also nicht dem Göttlichen zustrebt.

Sowohl in der Seele als auch im Körper gibt es eine natürliche Ordnung. Die natürliche Ordnung im physischen Leib sorgt dafür, daß der Stoffwechsel nach bestimmten Regeln funktioniert. Ein ähnlicher Ablauf geschieht in den Tieren, Pflanzen usw. Wenn dieser Steuerkreislauf, auch Regelkreis genannt, gestört wird, dann hat dies unabsehbare Folgen für den Menschen und die Seele, in der weiteren Folge für das Leben auf der Erde.

Wird dieser Regelkreis z.B. durch das Eingreifen des Menschen in die Gene gestört, dann wirkt sich dies auf die Sende- und Empfangsstation Mensch aus. Der Mensch nimmt dann automatisch Fremdprogramme auf, zum Beispiel Programme von anderen Menschen oder über die Nahrung Programme von manipulierten Tieren, Programme von manipulierten Pflanzen usw.

Ein Genbruchstück trägt eine bestimmte Zahl von Informationen. Diese Informationen stammen von dem Lebewesen oder von der Lebensform, der das Genbruchstück entnommen wurde. Wird nun ein solches Genbruchstück in einen Menschen eingepflanzt, z.B. um ihn von Krebs zu heilen, so wirken diese Informationen, diese Programme, wohl auf die Krankheit ein;

der Mensch wird eventuell körperlich gesund. Die Seele jedoch behält das Programm der Krankheit, das auch im kosmischen Speichersystem nicht gelöscht ist.

Diese genetischen Fremdprogramme, die zum Beispiel den Krebs heilen sollen, bilden nun im Menschen ein Sende- und Empfangspotential, das nicht zu den Ursachen des Menschen, zu dem, was seine Wesensart ist, gehört. Das bedeutet, daß ein solcher Mensch wesensfremd oder wesensabartig wird, je nachdem, welches Sendepotential die Genbruchstücke tragen. Diese aufgenommenen Programme sind ebenfalls im All gespeichert und stehen in Verbindung mit dem Lebewesen oder der Lebensform oder mit Teilen von Lebensformen, denen sie entnommen wurden. Genbruchstücke werden Pflanzen entnommen, ebenso Tieren, Menschen – es geht bis hin zu Genbruchstücken aus Mumien!

Auf diese Weise wird durch wesensfremde Impulse auf den Menschen eingewirkt. Diese Fremdbestimmung, die auf das Gehirn des Menschen Einfluß nimmt, schafft im manipulierten Menschen Fremdprogramme. Dieses fremde Strahlungspotential geht auch in seine Seele ein und von dieser in die Gestirne. Über diesen Kreislauf nimmt der manipulierte Mensch Kontakt mit jenen Lebensformen oder Energien auf, denen die Genbruchstücke entnommen wurden. Gleichzeitig überlagern diese Fremdprogramme seine eigenen Ursachen. Mit der

Zeit empfindet, denkt, spricht und handelt der Mensch auch entsprechend den Genprogrammen, die ihm eingepflanzt wurden.

Auf diese Weise wird auch auf das physische Erbgut Einfluß genommen, oder es wird überlagert. Zugleich wird damit das göttliche Erbe abgedeckt. Das bedeutet, daß der nun fremdgesteuerte Mensch nur noch sehr schwer an seine eigenen Ursachen, an sein eigenes Sündhaftes, herankommt, um dieses bereinigen zu können.

Wir haben gehört: Der Mensch ist in der Lebensschule Erde, um sein menschliches Erbe, seine belastenden Programme, zu erkennen und zu bereinigen, um so wieder zu seinem geistigen Erbe zu finden.

Werden zum Beispiel Pflanzenarten, Gemüsesorten, Schlachttiere und dergleichen manipuliert, wird also in ihre Gene eingegriffen, dann werden auch diese wesensfremd. Verzehrt der Mensch solche Produkte, dann nimmt er auch Bausteine dieser Manipulationen auf. So manipuliert er sich über Nahrung, Getränke und anderes mehr. Auch das hat zur Folge, daß er nur noch sehr schwer zu seinem physischen Erbe, zu seinen Ursachen findet, um diese zu bereinigen, damit er sein göttliches Erbe wieder erlangt, um wieder göttlich zu werden.

Der dämonische Plan: der steuerbare Mensch, der sich selbst nicht mehr kennt

Viele Wissenschaftler, die sich mit dem Erbgut der Menschen beschäftigen, sagen, dieses sei sehr schlecht, es müsse verbessert werden.

Diese Aussage ist richtig. Das Genmaterial ist deshalb degeneriert, weil viele Menschen so gesündigt haben, daß sie, mit menschlichen Worten gesprochen, schlecht sind – und damit auch ihre Genbausteine.

Setzt sich die wissenschaftliche Vorstellung durch, mit Hilfe der Genmanipulation die Welt verändern zu können durch Verbesserung des Genmaterials des Menschen, der Tiere und der Pflanzen, dann hat das zur Folge, daß mit der Zeit ganz andere Gattungen von Menschen, Tieren und Pflanzen in das Erscheinungsbild treten werden.

Die Naturreiche, zu denen auch die Menschheit, jeder menschliche Körper gehört, haben eine naturgerechte Ordnung – außer, diese wird manipuliert. Wer diese natürliche Ordnung für die Materie und für jeden einzelnen Menschen stört, greift in das Schöpfungsgeschehen ein und wird zum Helfershelfer der Dämonen.

Weil die Dämonen gegen das Gesetz Gottes, gegen Seine Ordnung sind, ist es ihr Anliegen, in der ganzen Welt und in jedem Menschen Unordnung zu schaffen. Der Fürst dieser Welt möchte s e i n e Schöpfung. Deshalb beauftragt er seine Helfershelfer, die materielle Schöpfung, die sich nach einem bestehenden kosmischen Ordnungsplan aufgebaut hat, zu „verbessern", was bedeutet, sie nach seinem Plan zu gestalten.

Der Dämon gibt seine wahren Absichten nicht denen preis, die durchführen sollen, was er geplant hat. Vordergründig beauftragt er seine Helfershelfer, seine ihm Hörigen, das zu reparieren, was die gesamte Menschheit einschließlich der Naturwissenschaften im Laufe der Jahrhunderte an der Natur verübt hat. Das erscheint vielen begründet und vernünftig; sie meinen, es sei eine gute, verdienstvolle Aufgabe – zumal das Gewissen vieler durch Nichtverwirklichung der göttlichen Gesetze und die Vorherrschaft des Intellekts abgestumpft ist.

Vielen Wissenschaftlern ist es nun ein Anliegen, das durchzuführen, was Menschen mehrerer Generationen erforscht und erprobt haben: die Genmanipulation, um das geschädigte Erbgut der Menschheit und der Naturreiche neu zu gestalten.

Da sich die wenigsten Menschen mit dem Gesetz von Saat und Ernte beschäftigt haben, wissen sie nicht, daß jetzt die Erntezeit für die Menschheit gekommen ist. Sie wissen nicht, daß die Schädigung des eigenen Körpers, die Schädigung des Erbgutes sowie die Schädigung der Naturreiche, der Atmosphäre, im großen und ganzen des gesamten Erdplaneten, die Ernte dessen ist, was die gesamte Menschheit ausgesät hat.

Die Ernte hat jeder einzelne, also letztlich die gesamte Menschheit, zu tragen. Einerlei, was sich an Erfindungen auftut, einerlei, was der Dämon einsetzt, um durch Manipulation zu retten, was ihm noch zu retten möglich scheint – die Menschheit wird daran scheitern.

Obwohl der Niedergang dieser Welt deutlich zutage tritt, ist der Fürst dieser Welt immer noch verblendet und glaubt, durch eine weltweite und gezielte Genmanipulation eine neue Schöpfung, seine satanische Schöpfung, schaffen zu können. Wer sich in diesen satanischen Kreislauf begibt, indem er in die bestehenden Gesetze der Natur eingreift, ist ein Helfershelfer der Dämonen.

Gott, der Ewige, sprach sinngemäß: „Ich mache alles neu, einen neuen Himmel und eine neue Erde." Das heißt, Gott stellt wieder Seine ewige Ordnung her, Seine ewige Seins-Schöpfung. Da die wenigsten Menschen die Gesetze Gottes erfüllen, ist ihr Blick für die Wahrheit getrübt. Sie glauben, die Wissenschaftler könnten die Retter der Erde sein; denn diese machen der Menschheit weis, die Krankheiten durch z.B. Gentherapie beheben zu können und eine neue Atmosphäre, neue Tiere und eine neue Natur zu schaffen – nicht zuletzt auch einen neuen Menschen.

Doch aus dem Weiß wird Schwarz werden, denn der Kausalcomputer ist mit negativer Energie gefüllt, weil die positive Energie weitgehend verbraucht ist. Es gilt nun für alles, was auf der Erde lebt: Stirb – oder werde. Ein Großteil der Menschheit kann mit dem belasteten physischen Erbgut nicht mehr existieren. Auch durch Genmanipulation kann auf Dauer diese Menschheit nicht mehr erhalten werden.

Gott ist die Lebensenergie. Wer diese von Ihm geliehene Gottesenergie durch Mißbrauch weitgehend verbraucht hat, der ist nicht mehr im Besitz der Kraft, um als Mensch leben zu können. Die von Krankheit und Siechtum geschwächten Körper mit dem geschädigten Erbmaterial werden mehr und mehr hinscheiden.

Was jedoch der Fürst dieser Welt, der Dämon, noch vermag, ist, die Negativenergie umzuschichten, das heißt, sie von einem Menschen oder von einer Gruppe Menschen zu nehmen und sie einem anderen oder einer anderen Gruppe Menschen zuzuführen. Dieses bis in die letzten Details ausgeklügelte dämonische Vorgehen, um die letzte Möglichkeit in dieser Welt noch zu nutzen, ist nur noch eine geraume Zeitlang möglich – so lange, wie der Dämon die Negativenergie noch umzuschichten vermag.

Durch die Genmanipulation werden dem Menschen nicht nur Fremdprogramme eingepflanzt, sondern es wird im Laufe der Zeit in ihm die Gefühlsebene ausgeschaltet. Die Folge ist, daß er manipulierbar und zugleich steuerbar ist.

Weil es so wesentlich ist, sei noch einmal die weitreichende Folge für den Menschen dargelegt:

Gelangt der Mensch nicht mehr zu seiner Gefühlsebene, dann kann er auch nicht mehr die von ihm geschaffenen Ursachen erkennen und daher auch nicht mehr bereinigen, um wieder zu seinem geistigen Erbe zu gelangen. Durch den fehlenden Schritt der Bereinigung können Seele und Mensch lange Zeit nicht mehr in das Bewußtsein Gottes finden, von wo einst das reine Wesen ausging.

Das Werk der Manipulation ist, einen steuerbaren Menschen zu konstruieren, der den freien Willen nicht mehr kennt und diesen daher auch nicht mehr besitzt, da er gesteuert ist und keinen Zugang mehr zu seiner Gefühlswelt hat. Denn nur über die Gefühlswelt kann die Tagesenergie den Menschen erreichen und ihn immer wieder zur Umkehr ermahnen. Über die Gefühlswelt kommen auch die Gottesimpulse, die den Menschen berühren, damit Gott ihn zu führen vermag.

Ist die Gefühlswelt ausgeschaltet, dann ist der Mensch über Telepathie steuerbar. Diese Steuerungen gehen vom Gegenspieler Gottes aus – denn er hat die Fremdprogramme in den Menschen eingepflanzt, auf welche er nun einwirkt und den Menschen so hält, wie er es im Sinne hat, um eine satanische Erde und einen satanischen Himmel zu schaffen.

Dieser Plan der Dämonen kann nur verwirklicht werden, wenn die Dämonen und ihre Helfershelfer auf das Erbgut des Menschen Einfluß nehmen und den Menschen gleichsam als Baukasten benützen können, in den sie die verschiedensten Programme einsetzen – Programme von manipulierten Tieren, manipulierten Pflanzen und manipulierten Menschen.

So kann aus einem guten Menschen ein böser Mensch gemacht werden, aus einem edlen Menschen ein unedler, aus einem normalen Menschen ein abnormaler, der zum Beispiel die Naturreiche schändet, ausbeutet und vernichtet, um manipuliertes Leben zu schaffen, und der gegen alle Menschen ist. Das ist dann der Roboter, der vom Dämon einen Impuls nach dem anderen empfängt und danach handelt.

Genbruchstücke – nicht nur in der Nahrung, sondern auch in der Luft und im Wasser

In der einschlägigen Fachliteratur lesen wir, wie z.B. Kühe manipuliert werden, so daß sich die Milchproduktion um vieles steigert. Es gibt viele ähnliche Beispiele, an denen man erkennt, daß durch Manipulation Tiere ihre Wesensart verlieren. Das gleiche kann mit einem Menschen erfolgen, wenn das Erbgut manipuliert wird. Es kommt darauf an, welche Genbausteine, also Informationen, in den Menschen eingepflanzt werden.

Viele Naturprodukte sind schon manipuliert. Genbruchstücke befinden sich auch in der Luft und im Wasser. Nimmt der Mensch solche Genteile auf und hat er gleiche oder ähnliche Programme wie jene, die in den Genbruchstücken enthalten sind, dann können sie sich in seinen Zellen festsetzen und senden entsprechend. Die Tatsache, daß dies bereits geschieht, zeigt, daß es durchaus möglich ist, die Menschen ganz allmählich umzuprogrammieren und mit der Zeit wesensfremd zu gestalten.

Fremdprogramme, die den Menschen wesensfremd machen, sind Negativprogramme, auf denen der Mensch durch weiteres Sündigen aufbaut. Das bedeutet, daß eine Seele unter Umständen äonenlang abtragen muß, bis sie wieder zu ihrem geistigen Erbe, zu ihrem wahren Leben, findet, weil im Menschen die Gefühlsebene so weit blockiert ist, daß der Energiestrom des Geistes Gottes in die Seele und in den Körper nur noch minimal einzufließen vermag.

Auch die vermehrte Fleischproduktion ist eine Domäne der Gentechnologen. Der große Fleischbedarf ist im Grunde nur noch dadurch zu decken, daß immer mehr Tiere künstlich gezeugt werden. Durch Genmanipulation oder gentechnisch hergestellte Medikamente erreichen sie das doppelte Fleischgewicht mit geringeren Fettanteilen als die natürlich aufgewachsenen Tiere. Auch die Fleischqualität wird durch spezielle Genbausteine verändert, so daß auch über die Fleischnahrung große Mengen an Genbruchstücken von Menschen aufgenommen werden.

Die ganze Unendlichkeit besteht aus einem mächtigen Kommunikationsnetz, aufgrund des Prinzips Senden und Empfangen. Viele Tiere werden durch Eingriffe in ihr Leben unsagbar gequält. Die Qualen schaffen Resonanzen, also Schwingungen in ihnen, denn auch die Tiere empfinden. Diese leid- und qualvollen Empfindungen gehen in ihre Gene ein. Das Fleisch mit diesen entsprechend programmierten Genen verzehrt der Mensch. Setzt sich ein Genbruchstück in einer Körperzelle des Menschen fest, dann wird dieses Genprogramm des Tieres zum Programm des Menschen. Das bedeutet, daß ein Mensch durch die Aufnahme der Programme dieser gequälten Tiere sein Wesen entsprechend verändert. In späterer Zeit könnte das zur Folge haben, daß der Mensch immer mehr dem Tier gleicht oder die Merkmale einer Art Mischprodukt zwischen Tier und Mensch aufweist.

Ein Faktor der dämonischen „neuen Weltordnung": Schaffung seelenloser Menschen durch Umschichten von Negativenergie

Die Gentechnik ist praktisch die Krönung der Beeinflussung des menschlichen Körpers. Wer schon die Krone des menschlichen Ichs trägt, dem kann nicht noch einmal eine Krone darübergesetzt werden. Infolgedessen werden in Bälde die Zacken der Krone brechen, und das ganze Weltgefüge menschlichen Ichs wird in sich zusammenfallen. Denn die Menschheit ist nicht nur durch Genmanipulation gefährdet, sondern auch durch die Umweltvergiftung und die Radioaktivität. Alles in allem kann gesagt werden: Das Maß ist voll.

Gott, das ewige Gesetz, ist Verbindung, gleich göttliche Kommunikation – nicht Trennung. Der Widersacher jedoch möchte die Trennung. Das ewige Gesetz lautet: Verbinde und sei. Das dämonische Prinzip heißt: Trenne, binde und herrsche.

Gott ist die Einheit, und in der Einheit Gottes ist die Gemeinschaft. Gemeinsamkeit bedeutet: Einer ist für den anderen. Im Dämonischen heißt es: Einer ist gegen den anderen.

Ist die Gefühlsebene des Menschen blockiert, dann hat der Mensch keinen Zugang mehr zu sich selbst und auch nicht mehr zu seinen Nächsten. Seine Mitmenschen sind ihm gleichgültig. Er geht an ihnen vorbei und sie an ihm. Programmierte und manipulierte Menschen haben kein Gefühl mehr, weder für ihre Nächsten noch für die Natur. So will es der Dämon: Trenne, binde und herrsche.

Durch diese Manipulationen wird der Mensch ein Anhänger und gleichzeitig ein Soldat der Dämonen, der alles niedermacht, was sich ihm in den Weg stellt.

Der Plan der Dämonen sieht sogar vor, einen seelenlosen Menschen zu schaffen, der nur noch mit der Negativenergie leben soll, die dem einen

Teil der Menschheit weggenommen und dem anderen Teil der Menschen gegeben wird – den seelenlosen Menschen.

Geschähe dies, so würde es bewirken, daß Gruppen von Menschen oder ganze Bevölkerungszweige aussterben, weil ihnen Negativenergie entzogen wird, die nicht mehr durch positive Energie ausgeglichen werden kann, da sich manipulierte Menschen selten auf Gott besinnen.

Ein Beispiel dieser Aussonderung zeigt schon ein Blick in diese Welt: Die Armen in der Dritten Welt verhungern, und die Reichen leben im Überfluß. Die ganze Welt soll umgestaltet werden durch eine sogenannte neue Weltordnung. Zum Denkmuster der neuen Weltordnung gehört auch eine Natur, die dem genmanipulierten Denken entspricht.

Wer gibt den Menschen das Recht, an dem Erbgut der Tiere herumzumanipulieren? Wer gibt den Menschen das Recht, die Natur zu schänden und zu verändern? Nur der nimmt sich das Recht heraus, der sich über Gott stellt.

Sowohl die Tiere als auch die Pflanzenreiche gehören zur Schöpfung Gottes. Sie sollen eins mit uns Menschen sein. Dem Menschen ist geboten, nicht zu töten. Das gilt auch bezüglich der Tiere – und bezüglich der Pflanzen, soweit ihm die Pflanzenwelt nicht als Nahrung oder zur Herstellung lebensnotwendiger Güter dient. Der Mensch hat nicht das Recht, zu töten und zu manipulieren. Wer sich an Tieren und Pflanzen vergeht, der handelt nach dem dämonischen Willen: Töte alles, manipuliere alles, damit weder Menschen noch Tiere das Göttliche empfinden. – Ist das die neue Weltordnung?

Adam und Eva fielen aus dem Paradies, weil sie größer sein wollten als Gott selbst. So werden auch früher oder später die Dämonen und ihre Helfershelfer in ihre eigene Mahlmühle fallen, die sie nach dem Gesetz „Was du säst, wirst du ernten" selbst geschaffen haben.

Das Maß ist voll

Gott kann man nicht besiegen. Nun ist das Maß voll. Es kann nur noch zum Kippverhältnis der Erde kommen, denn was einmal in Gang gesetzt ist durch den Frevel der Menschheit, läßt sich nicht wieder aufhalten.

Gott sprach: „Ich mache alles neu." Dem können wir Glauben schenken. Gott, der ewige Schöpfergeist, nimmt die Lebenskraft der Natur ganz allmählich zurück. Wir sehen und hören, daß täglich viele Tierarten und Pflanzengruppen aussterben und weltweit immer mehr Menschen hinsiechen und sterben. Hier hilft auch keine Genmanipulation mehr.

Wenn auch heute die Menschheit noch explosionsartig zunimmt, so ist dieses Bild längerfristig trügerisch, denn es ist der Makrokosmos der Reinigungsebenen, der noch viele Seelen zur Einverleibung führt, damit sie als Menschen in der Kürze ihres irdischen Daseins einiges erkennen und bereinigen oder abtragen können, was für sie in den Reinigungsebenen als Seele Äonen gedauert hätte.

Wir Menschen haben unsere Ursachen geschaffen und müssen auch darunter leiden. Die Tiere jedoch haben nicht gegen das Gesetz Gottes verstoßen und deshalb auch keine Ursachen geschaffen. Nur die Brutalität des menschlichen Ichs greift in ihr Leben ein und schafft dadurch neue Ursachen – Belastung für den Menschen.

Betrachten wir die Tiere, dann empfinden wir, daß es vielen von ihnen sehr schlecht geht, daß ihr ganzes Leben ein Leiden ist. Jesus von Nazareth sprach sinngemäß: „Was ihr den Geringsten der Meinen antut, das habt ihr Mir getan." Die Tiere sind unsere Übernächsten. Was wir ihnen zufügen, das fügen wir uns auch selbst zu. Glauben wir an diese Aussage Jesu, dann erahnen wir, wo einst die Seelen vieler Menschen sein werden, denn so, wie der Baum fällt, so bleibt er liegen.

Diese heutige Welt mit ihren Grausamkeiten ist das letzte Aufbäumen der Dämonen. Sie erstreben noch immer die Herrschaft auf dieser Erde und von dort aus über das gesamte Universum, auch über Gott.

Blicken wir auf die Menschheitsgeschichte, so erkennen wir, daß alle technischen und wissenschaftlichen Errungenschaften am Gesetz Gottes gescheitert sind und scheitern werden, einschließlich der atomaren Aufbereitung, der Genmanipulation und weiterer Bereiche der Medizin. Durch das Ausfließen der Ursachen, wodurch alle Menschen in die Wirkungen kommen – und damit auch mehr und mehr die Dämonen, denn ihre Herrschaft über diese materialistische Welt geht zu Ende –, könnten diese wissenschaftlichen Werke der letzte Fall der Dämonen sein. Dieses weitere Aufbäumen gegen Gott durch den Eingriff in das Erbgut des Menschen kann nicht die Herrschaft über Gott bringen, sondern nur den Untergang dieser Welt.

Auf Erden herrscht ein unvorstellbarer geistiger Kampf zwischen dem Göttlichen und dem Dämonischen. Der Sieger ist schon jetzt Christus

Jeder von uns wird sich früher oder später die Frage stellen müssen: Welchen Weg will ich beschreiten? Den Weg, den uns Jesus von Nazareth vorgezeigt hat – oder den Weg, der uns von der Wissenschaft vorgegeben wird? Oder wollen wir den Weg einschlagen, den uns die Politiker vorgeben? Oder den Weg der Institutionen Kirche? Noch haben wir den Willen zur freien Entscheidung – wie lange noch?

Bisher haben alle Wege, die Menschen vorgaben, in eine Sackgasse geführt – außer der Weg der Nachfolge des Nazareners. Er führt uns heraus aus dem Sumpf dieser Welt, in die Freiheit und in den Frieden.

Wir Menschen kommen jetzt in die Phase, von der es heißt: Die Lebenden werden die Toten beneiden. – Die Wissenschaftler halten durch den Einsatz der Gentechnik am Erbgut des Menschen ein längeres Erdendasein für möglich. Das bedeutet, daß sie in die von uns durch das Programm unseres Erdenlebens selbst vorgegebene Todesspanne eingreifen, um durch Manipulation unser Leben zu verlängern. Das hat zur Folge, daß sich ein Mensch, dessen Leben künstlich verlängert wurde, immer mehr belastet. Möchte er sterben, so kann er nicht hinscheiden, weil ihm die Wissenschaft durch die Genmanipulation ein langes Leben beschieden hat – eventuell ein Leben in Leid, Armut und Siechtum.

Was bedeutet es für eine Seele, wenn sie zum Beispiel 130 oder 150 Jahre im Körper bleiben muß und immer weiter sündigt und die Ursachen nicht bereinigen kann? Die Bilanz zeigt: nur Belastung. Denn es sei noch einmal gesagt: Durch die Genmanipulation wird die Gefühlsebene weitgehend oder ganz blockiert. Der Mensch ist unfähig, seine Sünden zu erkennen; daher kann er sie auch nicht mehr bereuen und bereinigen. Er sündigt immer weiter, weil ihm kaum mehr das Gewissen schlägt – bis eventuell nach 130 oder 150 Jahren die Stunde seines Todes kommt, dann, wenn er nach wissenschaftlichen Gesichtspunkten, entsprechend der Manipulation, sterben darf.

In welchem Zustand geht wohl eine solche Seele in die Bereiche der Reinigung? Sie wird in den Stätten der Reinigung unendliches Leid erfahren müssen. Es ist möglich, daß sie sogar geschädigt ist, was bedeutet, daß ein Teil ihres geistigen Erbes nicht mehr voll funktionsfähig ist. Das bewirkt, daß eine solche Seele auf den Evolutionsfeldern der geistigen Entwicklungsebenen ihren geistigen Leib wieder vervollkommnen muß.

Wer sich in den Ablauf des Fallgeschehens hineinempfindet, der erkennt, was Jesus, der Christus, für uns Menschen und vor allem für jede Seele getan hat, denn der Erlöserfunke, das Licht, das den Weg ins Vaterhaus weist, bleibt in der Seele – einerlei, wie der Mensch empfindet, denkt und handelt, einerlei, welche Belastungen die Seele sich auflädt.

Da ihr der Erlöserfunke gegeben ist, kann die Seele nur belastet und unter Umständen auch geschädigt, doch niemals zerstört werden. Die Dämonen jedoch wollen die Auflösung, die Zerstörung der Seele. Durch die Erlösertat Christi ist ihnen das Erreichen ihres Zieles vereitelt. Einerlei, mit welchen Methoden der Dämon in das Erbgut des physischen Körpers eingreift, wenn er auch die Genstrukturen verändert – die Seele kann nicht aufgelöst werden aufgrund des

„Vollbracht“ des Sohnes Gottes, des Jesus von Nazareth.

Wir erkennen also, daß sich auf der Erde ein unvorstellbarer geistiger Kampf abspielt, der Kampf zwischen dem Göttlichen und dem Dämonischen. Es ist der Endkampf. Der Sieger ist Christus!

Für uns Christen heißt es, unsere Seele schützen, so daß auch der Leib weitgehend geschützt ist. Der einzige Schutz der Seele ist die Verwirklichung der Zehn Gebote und der Gesetzmäßigkeiten der Bergpredigt. Dadurch folgen wir Jesus von Nazareth nach, indem wir Seine Lehre verwirklichen. Auf diese Weise reinigt sich die Seele und stabilisiert sich in Christus. Dann verstärkt sich das Licht Gottes in der Seele, das dann auch den physischen Leib durchstrahlt und ihn schützen kann.

Durch die Kommunikation mit dem Christus-Gotteslicht werden auch im Körper die vielen Gift- und Schadstoffe umgewandelt, so es gut ist für die Seele. Der einzige Schutz gerade in dieser Zeit ist Christus, ist die Verwirklichung Seiner Lehre, der Gesetzmäßigkeiten der Bergpredigt und der Zehn Gebote.

Damit die Menschheit das göttliche Gesetz, die Zehn Gebote und die Bergpredigt, in ihren Details verstehen und im täglichen Leben anwenden kann, gab uns Christus den Inneren Weg zu unserem göttlichen Erbe – denn wir sollen wieder göttlich werden. Jesus wies uns den Weg in die innere Freiheit.

Christus zeigt uns diesen Weg wieder auf, denn Er ist der Weg, die Wahrheit und das Leben. Er ist der einzige Schutz in dieser Welt. Auf diesem Inneren Weg zum Reich Gottes, das inwendig in jedem von uns ist, lernen wir, die Bergpredigt, die Zehn Gebote und das Absolute Gesetz Gottes, das Christus jetzt offenbart hat, in den Situationen des Alltags anzuwenden, so daß wir unsere Seele reinigen und dadurch unser irdischer Körper geschützt ist – so weit es in dieser mächtigen Umbruchszeit noch geschehen kann.

Das Reich des Geistes entsteht auf der gereinigten, feineren Erde. Der neue Mensch hat ein positives Erbgut

Wir Menschen leben in einer mächtigen Zeitenwende. Der Dämon erhebt sich mit Macht, um sein Territorium, die Erde, zu retten. Doch aus vielen göttlichen Offenbarungen, auch schon aus den Offenbarungen des Alten Bundes, erfahren wir, daß die Endzeit das Entstehen eines neuen Himmels und einer neuen Erde bewirkt. Das Alte wird vergehen.

Wer wachen Auges und offenen Ohres durch diese Welt geht, der weiß auch, wie es um sie bestellt ist. Viele Völker der Erde haben immer wieder erlebt, daß nach einem Niedergang Neues erwachte. So erleben wir weltweit den

Abbruch, gleichsam den Zusammenbruch dieser Welt und zugleich den Aufbruch in eine neue Zeit – in ein neues Zeitalter, das noch nie dagewesen ist. Es ist das Zeitalter des Christus Gottes, das Zeitalter des Geistes.

Im Zerfall der alten Strukturen zeigt sich schon am Horizont das Licht, die Neue Zeit, die Zeit des Christus. Ein neues Menschentum entsteht mit einem vollkommen neuen Lebensbild, mit höheren Werten und Idealen. Diese prägen die Gesamtstruktur des physischen Körpers.

Die Umgestaltung vom niederen zum höheren Leben erfolgt sukzessive. Über Gestirne, welche die Reinigung und die Anhebung der Erde bewirken, entsteht der neue Himmel und die neue Erde. Das besagt, daß feinere materielle Gestirne entstehen, so, wie auch die Struktur der Erde und die der Menschen feiner wird.

Es entsteht ein neuer Mensch mit positivem Erbmaterial. Die Strahlung des Menschen wird feiner. Der Mensch mit seinen höheren Idealen und Werten wird die gereinigte Erde entsprechend gestalten. Der Ewige sprach sinngemäß zu den Völkern dieser Erde: Am Ende des materialistischen Zeitgeschehens werde Ich die Zeit verkürzen, denn das Geistzeitalter bahnt sich den Weg.

Wer also sein Negativpotential, sein Sündhaftes, in gesetzmäßige Lebensenergie umwandeln möchte, muß sich beeilen, weil die Uhr immer rascher tickt und der Mensch in dieser Dichte der Materie immer weniger Zeit hat.

Die Schritte zur Umwandlung sind wahre Reue, Bitte um Vergebung, Vergebung, Wiedergutmachung und, vor allem, das erkannte Menschliche nicht mehr zu tun. Wer diesen Weg geht, der vermag mit Christus noch einiges in der Lebensschule Erde zu meistern. Wer seine Negativenergien hingegen zu vermehren trachtet, dem wird dies immer seltener gelingen, denn er hat keine geliehene Gottesenergie mehr zur Umpolung verfügbar. Er ruft nur wieder seine eigenen Ursachen ab, bringt diese zum Fließen, so daß die Wirkungen immer rascher auf ihn zukommen.

Das Reich Gottes dämmert empor. Es ist das Reich des Geistes auf der gereinigten, feineren Erde; es ist das Reich mit den Edlen und Reinen. Es ist das Reich Christi, das sogenannte Tausendjährige Gottesreich.

Nach dem Friedensreich Jesu Christi wird sich noch einmal der Dämon aufbäumen dürfen. Doch seine Zeit ist bemessen. Er wird nicht mehr die ganze Erde beherrschen. Nach dieser letzten Gnadenfrist für die Dämonen wird die Erde an vielen Orten zerbersten, und auch die feinere Materie wird sich auflösen. Die Dichte wird in erhöhte Schwingung gebracht und verfeinert, bis sie wieder die Feinstofflichkeit trägt, um in das Reich Gottes einzugehen.

Mit diesem letzten Akt des Zerberstens und der Auflösung der Materie wird sich auch der geistige Teilplanet – die Erdseele –, entbinden und zurückkehren in das ewige Sein, von wo er abgesplittert und als Teil in das All geschleudert wurde – für die Fallkinder. Auf diese Weise löst sich ganz allmählich der Fall auf, von der Erde ausgehend, über die Stätten der Reinigung bis hin zu den Toren des ewigen Seins.

Es reinigen sich auch die Seelen. Sie werden wieder zu reinen Wesen. Ebenfalls reinigen sich die Gestirne, die den Kausalcomputer gebildet haben. All ihre Energie wird umgewandelt – die Negativenergie in Positivenergie. Auf diesem Weg wird die geliehene Gottesenergie wieder zurückgebracht in das ewige Sein, von wo aus sie den Fallkindern mitgegeben wurde.

Wir stehen nun in dieser Umbruchs-, das heißt Aufbruchszeit. Wer es fassen kann, der fasse es; wer es lassen möchte, der lasse es. Wer den Weg zum Leben gehen möchte, der gehe ihn. Wer den Weg in die Sünde gehen möchte, der gehe ihn. Gott läßt jedem Menschen den freien Willen.

Auf der Basis des freien Willens wurde auch dieses Buch geschrieben und den willigen Lesern gereicht. Jeder kann das Geschriebene annehmen, es glauben oder verwerfen; es wird kein Einfluß auf ihn genommen.

Anhang

Glück, Freiheit und Erfolg
Die Urchristliche Lebensschule

Der Innere Weg zur Einswerdung mit dem Geist Gottes in uns

Ist nicht jeder von uns ein Suchender? Der eine sucht das Heil in den kirchlichen Institutionen mit ihren Ritualen und Dogmen. Andere suchen den äußeren Erfolg. Jeder sucht irgendwie nach Liebe, Harmonie und Freude. Doch im Grunde sind wir alle auf der Suche nach unserer ewigen Heimat, unserem wahren Selbst. - Warum? Weil wir uns fremd geworden sind. Wir kennen uns selbst nicht mehr.

Der Gottesgeist lehrt heute den Weg zu unserem wahren Selbst - den Inneren Weg zu Gott. Es ist der Weg in die Freiheit, in die Zufriedenheit und in das Glück. Es ist der unmittelbare Weg, weil er nicht über Menschen geht. Er hat keine Glaubenssätze, er hat keine Dogmen, er braucht keine Meister, er braucht keine Führer. Es ist einfach der Weg mit Christus zu Gott.

Das wahre Glück kommt einzig von Gott. Christus, unser Erlöser und Freund, hat als Jesus von Nazareth gelehrt, wie wir zu Gott kommen. Viele Details konnte Er damals nicht mehr sagen, und vieles ist nicht überliefert. Deshalb hat Er in dieser Zeit über Gabriele, die Prophetin und Botschafterin Gottes, den Inneren Weg in allen Details gelehrt, wie Er es schon vor 2000 Jahren als Jesus von Nazareth angekündigt hat: "Noch vieles habe ich euch zu sagen, aber ihr könnt es jetzt nicht tragen. Wenn aber jener kommt, der Geist der Wahrheit, wird er euch in die ganze Wahrheit führen." (Joh 16, 12f).

Das Fundament für diesen Weg zu Gott ist die Ordnungsstufe. Auf dem Inneren Weg gilt: Erkenne dich selbst. Erkenne deine Fehler und Schwächen. Mache Ordnung in deinem Leben, Ordnung in deinen Gedanken. Diszipliniere dich, und gewinne dadurch mehr Energie und Klarheit, letztlich die Übersicht über dich selbst.

Was bringt uns der Innere Weg?

Wir lernen, in der Welt zu stehen, an unserem Arbeitsplatz unsere Arbeit gewissenhaft und gut zu tun, in die Familie, in die Ehe und Partnerschaft Frieden zu tragen, denn wir selbst gewinnen mehr und mehr Frieden, da wir zunehmend aus der inneren Kraftquelle schöpfen, die Gott ist.
Alles in allem heißt das: Wir kommen dem Inneren Licht, Gott, der Quelle des Lebens, der Kraft und der Liebe, die in uns ist, näher. Denn jeder von uns ist ein Tempel des großen inneren Kraftfeldes, der Tempel Gottes, aus dem Leben, Licht, Friede, Gesundheit, Glück und Harmonie strömen.
Um das zu erlangen, bedarf es des Weges nach Innen. Zu Gott und dem Göttlichen in uns finden wir nur dann, wenn wir das Geröll, das wir selbst auf unseren Weg gelegt haben - unsere Fehlhaltungen, die Abwertung unseres Nächsten, die Gehässigkeiten, die Feindseligkeit, Haß, Neid, Eifersucht, Sorgen, Angst vor Krankheiten und vieles mehr -, mit der Hilfe des Inneren Lichtes, mit dem Ur-Kraftfeld, Gott, erkennen, bereuen, bereinigen und nicht mehr tun.
Über Gabriele erhalten wir aus der göttlichen Weisheit eine Fülle von konkreten Hilfen zur Selbsterkenntnis und für den Umgang mit unserem Nächsten. Gott ist uns näher, als wir im äußeren Getriebe

unseres Alltags ahnen. Doch wir können Ihn finden, Seine Nähe, Seinen Beistand erfahren! Wenn wir den Weg nach Innen gehen, kann sich in und um uns vieles zum Positiven ändern; und auch unser äußerer Lebensweg gewinnt neuen Sinn.

Das Buch zum Inneren Weg

In dieser Ausgabe sind alle 7 Bücher des Inneren Weges zusammengefaßt:

Urchristliche Meditationen:
Erster und zweiter Fernkurs zur Urchristlichen Bewußtseinserschließung mit 12 Texten
Grundstufen
Stufe der Ordnung, Stufe des Willens, Stufe der Weisheit, Stufe des Ernstes
Die großen kosmischen Lehren des Jesus von Nazareth an Seine Apostel und Jünger, die es fassen konnten

1392 Seiten, geb., DM/SFr 44,50, ÖS 325,-, Best.-Nr. S 150,
ISBN 3-89201-082-X. Auch in en, es, fr, it, pl, sl

Weitere Bücher:

Das ist Mein Wort
A und Ω

Das Evangelium Jesu
Die Christus-Offenbarung, welche inzwischen die wahren Christen in aller Welt kennen

Möchten Sie wissen, was Christus heute über Umweltzerstörung, Tierversuche, Leben und Tod, über Krankheit und Heilung sagt? Lesen Sie *Das ist Mein Wort*, die verheißungsvolle und aufrüttelnde Botschaft in unserer Zeit, gegeben in der klaren prophetischen Sprache des Gottesgeistes. Vieles, was in der Bibel fehlt oder mißverständlich wiedergegeben ist, wird in diesem Buch erläutert. So erfährt der Leser fundamentale geistige Zusammenhänge, die ihn in die Lage versetzen, sein Leben besser zu verstehen und zu bemeistern. Er entdeckt Jesus von Nazareth als den Sohn Gottes, der den Menschen keine äußere Religion, sondern Gott als den gütigen Vater der Liebe nahebrachte, der nicht züchtigt, sich nicht rächt, sondern die Menschen als Seine Kinder unendlich liebt und ihnen den Weg zeigt, damit sie wieder zu einem freien und erfüllten Leben in Gott finden können.

Aus dem Inhalt: Es gibt keine ewige Verdammnis - Gott ist Liebe – Tierversuche sind Gott ein Greuel – Jesu Liebe zu allen Geschöpfen - Die Geburt Jesu – Das Fallgeschehen - Pharisäer gestern und heute - Gleichheit von Mann und Frau - Jeder Mensch ist ein Tempel Gottes - Erklärung des »Speisungswunders« - Aussterben vieler Tierarten - Vom Wesen Gottes – Wer sind die reißenden Wölfe im Schafspelz? u.v.m.

Gerne übersenden wir Ihnen eine kostenlose Leseprobe dieses Werkes (48 Seiten).

1104 S., geb., Best.-Nr. S 007, DM/SFr 25,-, ÖS 183,-, ISBN 3-89201-053-6

Auch in englisch, spanisch, französisch, italienisch, kroatisch, polnisch, russisch, serbisch, slowenisch.

Die großen kosmischen Lehren des JESUS von Nazareth
an Seine Apostel und Jünger, die es fassen konnten.
Das Leben der wahren gotterfüllten Menschen
224 S., kart., Format 9 x 14,5 cm, Best.-Nr. S 136
DM/SFr 13,80, ÖS 101,-, ISBN 3-89201-109-5

Die großen kosmischen Lehren des JESUS von Nazareth an Seine Apostel und Jünger, die es fassen konnten
mit Erläuterungen von Gabriele in der großen Lehrkirche des Geistes Gottes

Band 1: 256 S., geb., Best.-Nr. S 317, DM/SFr 35,-, ÖS 256,-, ISBN 3-89201-055-2
Band 2: 270 S., geb., Best.-Nr. S 319, DM/SFr 35,-, ÖS 256,-, ISBN 3-89201-056-0
Band 3: 256 S., geb., Best.-Nr. S 320, DM/SFr 35,-, ÖS 256,-, ISBN 3-89201-057-9
Band 4: 262 S., geb., Best.-Nr. S 321, DM/SFr 35,-, ÖS 256,-, ISBN 3-89201-058-7
Band 5: 336 S., geb., Best.-Nr. S 322, DM/SFr 35,-, ÖS 256,-, ISBN 3-89201-033-1
Alle 5 Bände zusammen nur DM 140,-

Der Tag - Dein Freund
Geistige Hilfen für den Tag
Band 1: 256 S., geb., Best.-Nr. S 326, DM/SFr 32,-, ÖS 234,-, ISBN 3-89201-008-0
Band 2: 240 S., geb., Best.-Nr. S 327, DM/SFr 32,-, ÖS 234,-, ISBN 3-89201-041-2
Beide Bände zusammen nur DM 55,-

ICH. ICH. ICH. Die Spinne im Netz
Das Entsprechungsgesetz und das Gesetz der Projektion
288 S., geb., Best.-Nr. S 325, DM/SFr 34,80, ÖS 254,-
ISBN 3-89201-006-4

Die Kosmische Uhr und das Netzwerk Deiner Haut
Dein Schicksal liegt in Deiner Hand
188 S., geb., Best.-Nr. S 328, DM/SFr 38,50, ÖS 281,-
ISBN 3-89201-083-8

Glaubensheilung - die Ganzheitsheilung

Ein Buch, das jedem nahebringt, worauf es im Leben wirklich ankommt, und wie er seinem Tag das Beste abgewinnen kann. Das Buch enthält detaillierte Aufklärung über die Zusammenhänge zwischen Krankheit bzw. Gesundheit und unserer eigenen Lebensweise, und vor allem: Es zeigt, wie wir den Strom der Lebenskraft in uns zum Fließen bringen können.
Aus dem Inhalt: Unser Körper kann von sich aus nicht erkranken · Urchristliche Glaubensheilung bedeutet Aktivierung des Glaubens an Christus, indem der Mensch seine Tage nützt · Die Kraftquelle GOTT vermag alles · Der Unterschied zwischen Geistheiler und urchristlichem Glaubensheiler · Eine Übung, um an uns selbst zu erfassen, wie unsere Gefühle und Gedanken auf unsere Atmung einwirken · Das Wort »unheilbar« grenzt die Hoffnung aus · u.v.m.

144 S., geb., Best.-Nr. S 330, DM/SFr 22,80, ÖS 166,-, ISBN 3-89201-108-7

Gott heilt

94 S., kart., Best.-Nr. S 309, DM/SFr 9,80, ÖS 72,-
ISBN 3-89201-026-9

Du selbst bist Deine Krankheit und Deine Gesundheit

Doch Gott ist mit Dir

156 S., kart., Best.-Nr. S 501, DM/SFr 19,80, ÖS 145,-, ISBN 3-89201-063-3

Ursache und Entstehung aller Krankheiten

Was der Mensch sät, wird er ernten

348 S., geb., Best.-Nr. S 117, DM/SFr 35,-, ÖS 256,-
ISBN 3-89201-049-8

DER RICHTER:
Und es ist doch GOTT, der Ewige
Die Wahrheit über Gabriele, die Prophetin Gottes

Der Autor hatte es in jungen Jahren zu Titel und akademischen Würden gebracht, lebte zufrieden und wohlhabend und genoß das Ansehen seiner Mitmenschen als Vorsitzender Richter und Ausbilder junger Juristen. »Eines Tages gab mir jemand einige Bücher in die Hand und behauptete, diese seien von einer Prophetin niedergeschrieben, durch die Gott und Christus sowie hohe Geistwesen sprechen. Aus dem Gefühl intellektueller Überlegenheit heraus gestand ich zu, daß ja jeder glauben könne, was er wolle; ich bräuchte jedenfalls einen solchen Glauben nicht, da ich mit meinem Leben sehr gut so zurechtkäme ...« Doch als er sich eines Grundsatzes seines Berufes erinnerte, nicht über etwas zu urteilen, das man nicht kennt, begann er zu prüfen ... Der kritische und skeptische Jurist findet die Wahrheit im Wort Gottes durch Prophetenmund und lernt Gabriele, die Prophetin Gottes, näher kennen. »Ich möchte den Menschen aus meiner Sicht von dem großen Geschenk Gottes berichten, der uns in unserer Zeit eine lebende Prophetin mit Seinem lebendigen Wort gesandt hat.«

126 S., geb., mit Ergänzungsbroschüre, die Fragen an Gabriele und ihre ausführlichen Antworten enthält.

Best.-Nr. S 431, DM/SFr 22,80, ÖS 166,-. ISBN 3-89201-044-7

Vaterworte auch an Dich

Eine Offenbarung Gott-Vaters an Sein Kind – ein Juwel, das dem Leser die Nähe Gottes, unseres himmlischen Vaters, vermittelt, mit Wegweisungen, um aus dem menschlichen Ego herauszufinden, zu unserem wahren, ewigen Wesen.

142 S., geb., Format 11 x 15,5 cm

Best.-Nr. S 108, DM/SFr 17,80, ÖS 130,-. ISBN 3-89201-070-6

Die hier aufgeführten Bücher
erhalten Sie direkt beim Verlag DAS WORT
und im Buchhandel.

Alle Ausgaben der nachfolgend aufgeführten
Broschüre »*Der Prophet*«
sind kostenlos erhältlich;
auch unser Gesamtverzeichnis der Bücher
und Cassetten können Sie kostenlos
anfordern bei:

Verlag DAS WORT GmbH
Max-Braun-Str. 2, 97828 Marktheidenfeld
Tel. 09391/504-135, Fax 09391/504-133

Internet: http//www.das-wort.com
e-mail : info@das-wort.com

Der Prophet

Die Stimme des Herzens, die ewige Wahrheit, das ewige Gesetz Gottes, gegeben von der Prophetin Gottes für unsere Zeit

Das Fundamentale in unserer Zeit zum Nachdenken und zur Selbsterkenntnis

Nr. 1 Fragen an die Prophetin Gottes

Nr. 2 Fragen über Prophetie

Nr. 3 Die Stellung der Frau in der Gemeinde

Nr. 4 Der Aufbau des göttlichen Werkes und die Tat - die Betriebswirtschaft nach der Bergpredigt -, vom Geiste des Christus Gottes empfangen

Nr. 5 Verfolgung wegen Nachfolge Jesu. Das Glaubens- und Lebensbekenntnis der Urchristen im Universellen Leben

Nr. 6 Die Pirouetten des Lebens. Das Schicksal. Mein Schicksal, dein Schicksal, unser Schicksal, wessen Lebensplan? Der gerechte oder der ungerechte Gott?

Nr. 7 Das Leben der »Christen« im Jahreslauf

Nr. 8 Der sklavische Glaube und seine »Geheimnisse«

Nr. 9 Der Einheimische und der Prophet

Nr. 10 Der Jugendliche und der Prophet

Nr. 11 Wurde das Kirchenvolk kirchlich indoktriniert und gleichgeschaltet? Was ist Innere Religion - was ist äußere Religion? Was ist Freiheit - was ist Unfreiheit?

Nr. 12 Der Unbekannte, der sich selbst fremd ist.
Brauchen wir »Heilige« als Fürbitter?
Mutter Jesu - Mutter Gottes? Die Erbsünde.
Dogma und Zwang zum Glauben.
Die Nachfolge Jesu

Nr. 13 Schlagt die Bibel zu! Der Verrat an Jesus, dem Christus, und an den Propheten

Nr. 14 Der Atheist - ein Freund des Propheten?
Das Sittengemälde der heutigen Zeit

Nr. 15:

Tiere klagen –
der Prophet klagt an!

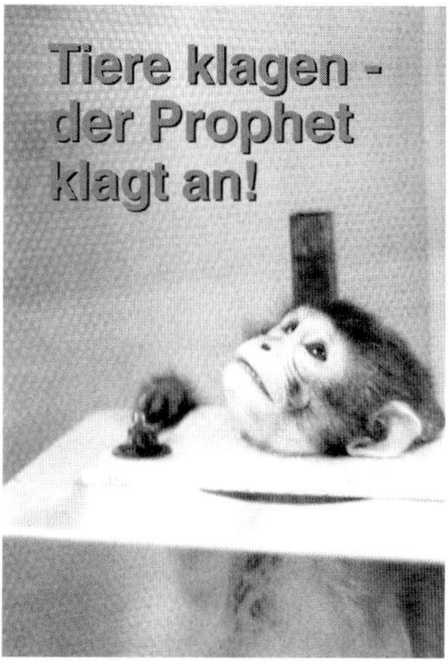

„Der Prophet" ist auch in vielen Fremdsprachen erhältlich.

Verlag DAS WORT GmbH
Max-Braun-Str. 2, 97828 Marktheidenfeld
Tel. 09391/504-135, Fax 09391/504-133

Internet: http//www.das-wort.com
e-mai : info@das-wort.com

RADIO SANTEC
DIE KOSMISCHE WELLE
DAS WORT - DER UNIVERSELLE GEIST

Die Radiosendungen von RADIO SANTEC, Die Kosmische Welle, DAS WORT - DER UNIVERSELLE GEIST werden weltweit ausgestrahlt: Offenbarungen des Christus-Gottes-Geistes, Schulungen des Inneren Weges, die Kosmische Lebensschule, das Ur-Licht für alle Menschen, Geistige Hilfen für den Tag und vieles mehr.

Das komplette *Monats-Radioprogrammheft* mit weiteren Informationen über die angebotenen Themen erhalten Sie auf Wunsch kostenlos, ebenso die Tabelle mit den Frequenzen der Radiosendungen in den verschiedenen Landessprachen: